Das Goldene Buch von MAROKKO

Raimage
Raissouni Image

BONECHI

INHALT

Einführung .... *S.* 3

Agadir .... » 77
Al-Hoceima .... » 125
Asilah .... » 124
Azemmour .... » 48
Cap Beddouza .... » 58
Casablanca .... » 40
Chechaouen .... » 118
Das Dra-Tal .... » 92
Das Tal des Oued Dades .... » 97
Die Landschaft Tafilalet .... » 104
Die Ouzoud-Fälle .... » 76
El Jadida .... » 50
Essaouira .... » 59
Fes .... » 28
Kasba de Boulaouane .... » 55
Laayoune .... » 107
Larache .... » 127
Lixus .... » 126
Marrakesch .... » 63
Meknes .... » 15
Moulay Driss .... » 22
Ouarzazate .... » 91
Rabat .... » 6
Safi .... » 56
Tafraoute .... » 84
Taliouine .... » 90
Tanger .... » 108
Taroudant .... » 88
Tetouan .... » 116
Tinerhir .... » 102
Tiznit .... » 83
Volubilis .... » 23

Distributeur pour le Maroc: RAIMAGE Sarl., Angle Rues de Russie et Emsallah, Tél.: 93 42 02, Tanger, Maroc

E-mail: bonechi@bonechi.it Internet: www.bonechi.it

Druck in Italien: Centro Stampa Editoriale Bonechi.
Übersetzung: Heide Marianne Siefert - Studio Comunicare, Florenz.
Fotos aus dem Archiv der Casa Editrice Bonechi und von *Andrea Pistolesi. Paolo Giambone* : Fotos auf S. 46 und 47.
Das Foto auf S.107 wurde der Firma *RAIMAGE* zur Verfügung gestellt.

ISBN 88-7009-843-5

* * *

◄ Wertvolles marokkanisches Kunsthandwerk.

Marokkanische Reiter während des traditionellen Rennens «Fantasia».

EINFÜHRUNG

Ein Land wie Marokko läßt sich schwer beschreiben. Sicher, man könnte alles Wissenswerte aufzählen, doch würde sich immer nur ein künstliches und bruchstückhaftes Bild ergeben.
Das im äußersten Nordwesten des afrikanischen Kontinents gelegene Marokko wird vom Mittelmeer, dem Atlantischen Ozean, von Algerien und Mauretanien begrenzt. Von dem nahegelegenen Europa wird es durch die Straße von Gibraltar getrennt. Gegenwärtig hat Marokko mehr als 23 Millionen Einwohner. Das Klima ist durchweg mild. Die Regierungsform ist eine konstitutionelle demokratische und soziale Monarchie, die das Mehrheitssystem der politischen Parteien sichert. Staatsreligion ist der Islam, doch wird freie Religionsausübung gewährt. Die offizielle Landessprache ist arabisch.
Doch sind diese Angaben, deren Auflistung wir beliebig verlängern könnten, nicht in der Lage, etwas über die Entwicklung und Eigenart dieses Landes auszusagen. Sie reichen nicht aus, um das Ergebnis eines langsamen und geduldigen Aufbaus durch die Jahrhunderte zu erläutern. Und sie eignen sich auch nicht, um die Schönheit eines Sonnenuntergangs in Marrakesch oder den Rosenduft, der die Luft im Februar in Kelaa Megouna erfüllt, heraufzubeschwören. Keine Beschreibung kann Dinge wiedergeben wie die Würze des Pfefferminztees, das bunte Leben der Souks (Märkte), die Großherzigkeit, die anläßlich der Moussems (Feste zu Ehren eines Heiligen) zum Ausdruck kommt, das Andachtsgefühl beim Besuch des Mausoleums von Mohammed V. in Rabat oder der Zawija Nassirja in Tamgrout, der glühende Eifer während der Freiheitsbewegung gegen die Fremdherrschaft in der Schlacht der Drei Könige oder anläßlich des Unabhängigkeitskampfes unter dem Schutz dessen, der noch mit dem Namen Sultan Ben Youssef bekannt war, die Solidarität beim Bau der Route de l'Unité (Straße der Einheit), beim Wiederaufbau von Agadir, nach den Überschwemmungen des Oued Ziz, während des glorreichen Grünen Marsches oder, in jüngster Zeit, der Beitrag zum Bau der Moschee Hassans II. in Casablanca.
Das ist Marokko. Ein einiges, tatkräftiges und solidarisches Volk. Ein Volk, das bereit ist, die Herausforderungen, mit denen es sich aufgrund seiner geographischen Lage oder seiner Geschichte konfrontiert sah, anzunehmen. In diesem Zusammenhang sind etwa die Ruinen von Lixus, die Städte Moulay Driss Zerhoun oder Rissani sehr viel bedeutsamer als andere moderne Städte. Das Dorf Adgz, das alles Moderne von sich weist, ruft das Bild jenes alten Marokko in viel stärkerer Weise wach als etwa die Seebäder an der Mittelmeerküste. Kann eine Replik mit dem Original wetteifern oder ihm in Größe und Schönheit gleichkommen? Das bedeutet nicht, daß dem Modernen Schönheit, Intensität oder der Symbolismus fehlt, aber die Seele eines Landes oder eines Volkes ist nicht immer dort, wo man sie zu entdecken glaubt. Casablanca mit seinen Hochhäusern, seinen breiten Straßen, verkörpert das Marokko des 20. Jahrhunderts, das Marokko auf dem Weg des Fortschritts, das Marokko, das seine Weltoffenheit, seine Kreativität und das Engagement seines Volkes zur Schau stellt. Aber selbst der hochentwickeltste Computer könnte nichts aussagen über die Großzügigkeit des marokkanischen Volkes, über seine legendäre Gastfreundschaft, das reiche Kunstgewerbe, die abwechslungsreiche Kochkunst,

die Gebundenheit an die vom Islam, der Monarchie und der gebietsmäßigen Zugehörigkeit verkörperten religiösen Werte. Es ist ein Zusammenwirken von nicht quantifizierbaren Werten, die sich der Logik des modernen Lebens entziehen. Wer würde zu behaupten wagen, daß das traditionelle Marokko nicht in der Lage sei, den auf eine Entpersönlichung abzielenden Angriffen zu widerstehen? Seine Einwohner haben von jeher gezeigt, daß sie fähig sind, die Werte weiterzutragen, welche die Kontinuität des Landes fördern und seine Originalität wahren. Marokko, ein Land der Begegnung, hat es verstanden, im Laufe seiner Geschichte anderen gegenüber aufgeschlossen zu sein und dabei seine eigene Wesensart zu behalten. Geographisch gesehen ist Marokko nach allen Seiten hin offen, Begegnungsstätte für Kulturen und privilegierter Zeuge historischer Ereignisse. Schon in frühester Zeit profitierte Marokko von seiner strategischen Lage, indem es, nur wenige Kilometer vom europäischen Kontinent entfernt und fest verbunden mit Afrika, an den nach Amerika oder nach Osten führenden Verkehrsachsen das westliche Mittelmeer beherrschte. Die Grenzen, die sich aus der geographischen Lage Marokkos ergeben, stellen in Wirklichkeit einen Vorteil dar. Ein Vorteil, der von jeher Neid erweckte, der aber auch die nationale Einheit, die Entstehung und Entwicklung der Originalität dieses Landes begünstigte, das durch die Öffnung und Kontakte zur übrigen Welt reicher geworden ist. In der Konfrontation mit anderen Völkern konnte es seine Eigenart entfalten. Dies beweist die Tatsache, daß die Römer, als sie sich in Volubilis niederließen, gezwungen waren, ihre Bauweise der Landesnatur und der von Juba II. gegründeten Stadt wie auch den von der damaligen Bevölkerung bevorzugten Dekorationsmotiven anzupassen. Aus dieser Verschmelzung entstand die schöne Stadt Volubilis. Nicht ganz römisch, legt sie doch Zeugnis ab von der Größe ihrer Erbauer und ihrer bewundernswerten Anpassungsfähigkeit. Ein weiteres Symbol: der Islam. Diese Religion, die sehr rasch die Herzen der Marokkaner erobert hat, fand hier glühende Anhänger. Der konstante Einsatz zur Verteidigung des islamischen Glaubens in Marokko ist hinreichend bekannt. Denken wir nur an den Widerstand gegen die Fremdherrschaft in Tanger, El Jadida, Essaouira, Agadir, Chechaouen... Das moslemische Marokko hat von jeher zur Verbreitung des Islam beigetragen. Seitdem Okba ben Nafi sein Pferd vor dem Atlantischen Ozean anhielt, trachtete das marokkanische Volk stets danach, die Barriere, die das Meer für die territoriale Expansion des Islam bedeutete, zu überwinden. Es hob die Fackel von Okba auf und wandte sich Europa zu. Tarik ibn Sijad überquerte mit einem 8000 Mann-Heer die Straße von Gibraltar, und es gelang ihm, die Spanier massenweise zu bekehren. Er rückte bis Poitiers vor. Später ließen sich viele Afrikaner und einige arabische Länder von den Marokkanern überzeugen, den islamischen Glauben anzunehmen und die Reihen der Moslems zu stärken. Auch heute noch ist das Engagement von Marokko in der Islam-Frage unbestritten. In Marokko fand die erste Islam-Konferenz statt, für die es sich nach dem Moscheebrand in Jerusalem einsetzte. Aus dieser Konferenz ging die Organisation der Islam-Konferenz hervor, die sich heute wegen ihrer Dynamik, ihrer Zielsetzung und vielfältigen Initiativen auszeichnet. Mit der Ankunft von Idriss I. auf marokkanischem Boden und der Gründung der Dynastie der Idrisiden wird der Islam zum Brennpunkt der sozialpolitischen Ordnung. Der Schlüssel zum Verständnis der Vergangenheit und Gegenwart liegt in dieser fundamentalen Tatsache. Wer hinderte die Marokkaner nach der Ermordung des Gründers der idrisidischen Dynastie durch die Abassiden daran, die Macht wieder an sich zu reißen? Idris II. war noch nicht geboren, so daß es erst einige Jahre später zur Thronfolge kam. Aus Treue zu ihrem Gründer, in dem sie in erster Linie einen Nachfahren des Propheten sahen, und aus Achtung vor dem geleisteten Treueschwur übernahmen die Marokkaner die Erziehung des Sohnes, der im Alter von elf Jahren zum Nachfolger seines Vaters ernannt wurde. In der Folgezeit garantierten die Bindung an den Islam und die Verfechtung des Glaubens der Marokkaner die Kontinuität der Macht und die Legitimität der Sultane. Das gleiche geschah zur Zeit der Almoraviden, die in Marokko den noch heute geübten malechitischen Ritus einführten. Gleiches gilt vermutlich für den Titel Amir el-Mouminine (Komtur der Gläubigen), der in Marokko zum ersten Mal von Youssef ben Tachfin gebraucht wird und gegenwärtig in der Verfassung als Haupttitel für den Staatschef vorgesehen ist. Während der Dynastie der Almohaden «gründete Sultan Abd el-Moumen das größte Reich im Westen, das es je gegeben hat», bevor er sich den Titel Kalif zuschrieb und anordnete, daß die Gebete in seinem Namen gesprochen werden. Die Größe der Meriniden beruhte auf dem heiligen Krieg, den sie geführt, und auf den Sakralbauten, die sie errichtet haben. Unter Ausnutzung des religiösen Gefühls der Marokkaner konnten die Sadiden an die Macht kommen, indem sie sich stark in der Jihad engagierten. Sie befreiten zahlreiche von Fremdmächten belagerte Städte. Ahmed el-Mansour verbreitete den Islam in Afrika und drang bis Timbuktu vor. Er widersetzte sich mit allen Kräften den Türken. Die Dynastie der Alawiten (Alaouiten) sah ihre Aufgabe ebenfalls in der Nachfolge Mohammeds. Der Widerstand gegen fremde Besatzungen und die Verwaltung der öffentlichen Ämter in Übereinstimmung mit den Dogmen und religiösen Vorschriften sind die bezeichnendsten Merkmale dieser Dynastie. Moulay Ismail befreite Tanger von den Engländern und nahm den Spaniern Mehdia und Larache wieder weg. Sidi Mohammed ben Abdallah tat das gleiche für El Jadida und Agadir, indem er die Spanier in die Mittelmeerländer zurückdrängte. Moulay Slimane sicherte seinem Land Schutz zu, säte aber Zwietracht unter den verschiedenen Mächten. Dem noch zu jungen Moulay Abd-el-Azis gelang es nicht, den Expansionsversuchen der Europäer Einhalt zu gebieten, und die Oulema (Männer des Glaubens) zogen dessen Bruder Moulay Hafid vor. Nach Unterzeichnung des von Frankreich diktierten Protektoratsvertrags dankte Moulay Hafid ab und legte die Macht in die Hände seines Bruders Moulay Youssef. Einige Jahre später (1930) irrte sich Frankreich hinsichtlich der Rivalität zwischen Arabern und Berbern. Es wurde ein Dahir erlassen, das letztere der islamischen Jurisdiktion entzog. Überall wurden Protestkundgebungen laut und es kam zu Tumulten, da diese Maßnahme als Versuch der Christianisierung interpretiert wurde. In allen Moscheen riefen die Marokkaner im Chor: «Gott, gib, daß wir nicht von unseren Brüdern getrennt werden». Widerstandsbewegungen wurden gegründet, und die Zeichen des Protestes gegen das Protektorat häuften sich, bis die Unabhängigkeit erreicht war. Das Fest des Thrones, das seit 1934 zur Erneuerung und Bestätigung des Treuebündnisses zwischen dem Souverän und seinem Volk gefeiert wurde, erhielt ab 1956 eine besondere Bedeutung. König Hassan II. verpflichtete sich, einen modernen Staat mit entsprechenden Institutionen und Gesetzen aufzubauen. Aus diesem Grund verglich man häufig die Verfassung Marokkos mit der, die sich Frankreich 1958 gab. Trotz der Ähnlichkeit räumen die Verfassungsgrundlage und ihre Anwendung dem öffentlichen moslemischen Recht eine besondere Stellung ein. Altes und Neues bereichern sich wechselseitig.

Fes, Medersa es-Sahrij, Mosaikdekor.

Nachtaufnahme des Hassan-Turms.

Das majestätische Mausoleum zu Ehren König Mohammeds V. ▶

RABAT

Das an der Mündung des Oued Bou Regreg gelegene Rabat ist die Hauptstadt des Königreichs Marokko. Hier haben S.M. König Hassan II., die Regierung und die ausländischen Botschaften ihren Sitz.
Rabat ist eine ruhige Stadt. Das Klima ist im Winter mild, und im Sommer weht eine frische Brise vom Atlanik her. Die Monumente und Sehenswürdigkeiten, die zahlreichen Strände, die breiten Alleen, die modernen Stadtviertel, gute Straßen und Fremdenverkehrseinrichtungen machen den Besuch in dieser Stadt, wo es sich angenehm leben läßt, zu einem besonderen Erlebnis.
Von der Höhe der Turmruine der Tour Hassan schweift der Blick über die Stadtviertel, die das reiche geschichtliche Erbe von Rabat widerspiegeln.
Die archäologischen Funde haben die Existenz einer Siedlung nachgewiesen, die mindestens auf das 3. Jahrhundert v. Chr. zurückgeht. Sala war ein unabhängiger Ort, wie aus Münzen mit neopunischen Inschriften hervorgeht. In römischer Zeit wurde es Munizipium und hieß Sala Colonia, das später zur Kolonie aufstieg. Nach dem Untergang des Römischen Reiches schrumpfte es zu einem Dorf zusammen. Im Verlauf des 18. Jahrhunderts bekehrte sich die Bevölkerung nach und nach zum Islam. Zwei Jahrhunderte später entstand an der Stelle der heutigen **Kasba des Oudaia** ein befestigtes Kloster (Ribat). Seine Erbauer, orthodoxe Muselmanen, kämpften einen heiligen Krieg gegen die Berghouata, Anhänger einer häretischen Glaubensrichtung. Aus diesem Ribat leitet sich der Name der Stadt, Rabat, her.
Um das Jahr 1146 ist der Almohadensultan Abdalmumin von der strategischen Position Rabats beeindruckt. Er verwandelt die Klosterburg in eine Kasba und fügt einen Palast an, in dem er wiederholt resi-

Der Hassan-Turm überragt die Stadt Rabat.

Das Mausoleum Mohammeds V., ein bezeichnendes Werk des Architekten Vo Toan, wurde nach marokkanischen Bauregeln errichtet. ►

diert. Hier sammelt er seine Truppen vor der Abfahrt und nach der Rückkehr seiner Kampagnen in Spanien. Sein Enkel Abou Youssef Yakoub el-Mansour träumt davon, die Hauptstadt seines Königreichs hierher zu verlegen. Er gründet das Ribat Al Fath (Siegesfeld) und umgibt es mit einem mehrere Kilometer langen Mauergürtel, in dem vier monumentale Stadttore liegen. Er beschließt, die neue Stadt mit der größten Pilgerstätte des Islam, der Hassan-Moschee, auszustatten, was ihm jedoch nicht gelingt. Bei seinem Tod ist nur der mächtige Turm, die sogenannte Tour Hassan, fertiggestellt. Für Ribat al Fath beginnt nun eine Zeit des Abstiegs. Leon der Afrikaner berichtet, daß die Stadt um die Mitte des 16. Jahrhunderts nur noch knapp hundert bewohnte Häuser besaß.
Im 17. Jahrhundert lassen sich zahlreiche nach Marokko geflohene Andalusier in Rabat nieder. Sie bauen eine neue Stadt und umgeben sie mit einer andalusischen Mauer. Rabat ersteht zu neuem Leben. 1627 gründet eine Gruppe Piraten die Republik Bou Regreg. Die Hauptstadt dieses Staates, der von den Einnahmen der Piraterie lebt, liegt in der Kasba des Oudaia. Die Angriffe der Piraten treffen Spanien, Portugal, Frankreich und England auf empfindliche Weise. Aus den Verhandlungen erwächst eine Zusammenarbeit zwischen diesen Mächten und der Republik. 1666 erlangen die Alawiten wieder die Kontrolle über die Stadt, und trotz der Repressalien gegenüber den Piraten gelingt es ihnen nicht, ihr Treiben zu unterbinden, das noch bis ins 19. Jahrhundert fortdauert.
In der Zwischenzeit versucht Sultan Sidi Mohammed ben Abdallah, innerhalb der Almohaden-Mauer eine neue Stadt zu errichten, was ihm jedoch nur teilweise gelingt. Immerhin ist es ihm zu verdanken, daß Rabat mit zwei Skala, sieben Moscheen und einem Palast ausgestattet wird, in dem 1845 und 1846 die Verhandlungen mit Frankreich geführt werden.
Mit dem Zustandekommen des Protektoratsvertrag wird Rabat Hauptstadt des Königreiches. Das Zentrum, das anfänglich aus dem Ozeanviertel besteht, erstreckt sich zwischen dem Palast und der Medina. Die Stadt ist sehr reizvoll. Die seit 1915 geschaffene moderne Stadtanlage fügt sich wunderbar in den historischen Rahmen ein. Breite Allen durchziehen die Stadtviertel. Die Ministerien liegen auf einer Anhöhe, umgeben von schönen Gärten, die mit herrlichen Fontänen geschmückt sind. Die Wohn-

Blick auf das Bab er-Rouah (Tor der Winde).

Die Fassade des Königspalastes (Ende 19. Jahrhundert) und die königliche Moschee El-Fahs. ►

viertel nehmen einen beachtlichen Teil der neuen Stadt ein: Hassan, Orangers, Agdal, Souissi. Aber seit rund zwanzig Jahren dehnt sich Rabat in alle Richtungen aus. Es entstehen neue Viertel an der atlantischen Küste sowie im Stadtinneren an der Route des Zaers und an der Route de Semara. Die Straßen der Medina von Rabat kreuzen sich im rechten Winkel nach einer perfekten Planimetrie.
Dieses freundliche Viertel beginnt an der Kreuzung der Avenue Hassan II und der Avenue Mohammed V. Hier kann man die von den Andalusiern erbaute imposante Mauer bewundern. Einige Schritte weiter erreicht man die berühmte Rue Souika, die Hauptstraße der Medina. Zu beiden Seiten dieser sehr belebten Straße locken Cafés, Restaurants sowie Lebensmittel-, Mode- und Kunstgewerbeläden Käufer in großer Zahl an. Ein Stück weiter links stoßen wir auf die Rue Sidi Fatah, eine überraschend ruhige Straße. Sie führt zu der 1907 erbauten Moschee Moulay El Mekki, deren Portikus mit bemalter Decke die Straße überquert. Wieder in der Rue Souika, bewundern wir die von Moulay Slimane errichtete Moschee. Nachdem wir etwa zehn Läden passiert haben, erreichen wir die Fontaine Serinide, einen schönen Brunnen, in dem heute eine Buchhandlung untergebracht ist. Dieses Monument aus dem 16. Jahrhundert im Herzen der Medina ist ein Werk des Sultans Abou Faris Abd-el-Azis (1366-1372). Auch die gegenüberliegende große Moschee bewahrt Erinnerungen an diese Dynastie. Hier beginnt die überdachte Rue Souk es-Sebat, die berühmte Straße für Leder- und Goldwaren, die in die Rue des Consuls mündet. Die Place du Mellah zu unserer Rechten, ist es schwierig, sich einen Weg durch die stets bevölkerte Rue des Consuls zu bahnen, die von winzigen Schneiderwerkstätten, Textilhändlern und traditionellen Konfektionsläden, von großen Basars und Fondouks (Kaufhäuser) gesäumt wird. Von dieser Straße, auf der viele Jahrzehnte lang namhafte Diplomaten residierten, gehen zahlreiche schmale Straßen aus, die den Kern der von weißgetünchten Hauswänden und einer ungewöhnlichen Stille gekennzeichneten Wohnviertel bilden. Hier befinden sich kleine Moscheen und Zawijas. Die Rue des Consuls führt zum großen Platz Souk el-Ghezel, von dem die Avenue El Alou ausgeht, auf der man zum gleichnamigen Stadttor kommt. Geht man an der Außenseite der Stadtmauer entlang, erreicht man das Tor Bab el-Had, was wörtlich «Sonntagstor» bedeutet. In Wirklichkeit leitet sich der Name von den Strafen (Had) her, die das muselmanische Recht in Marokko anwandte. Dieses Tor, an

Panorama von Rabat.

dem die Köpfe der Verurteilten aufgesteckt wurden, öffnet sich zwischen zwei am Hauptwall vorkragenden fünfeckigen Türmen, die den Zugang praktisch unmöglich machen.
Von der Place du Souk el-Ghezel kann man die **Kasba des Oudaia** erreichen, einen der faszinierendsten Orte in Rabat. Die Gründung dieser mit schönem Garten umgebenen Zitadelle geht auf die Almohadenzeit zurück. Später wurde sie mehrmals restauriert und befestigt. Moulay er-Rachid fügte im 17. Jahrhundert den gesamten südlichen Trakt an. Der polygonale Turm stammt vermutlich aus der Zeit der Hornaceros, die sich im Kampf gegen die Andalusen der Medina in die Kasba geflüchtet haben. Am oberen Abschnitt der ca. zehn Meter hohen und 2,50 Meter dicken Mauer verlief ein Wehrgang. Ein beidseitig herrlich skulptiertes, großes Steintor blickt zur Rue Jama. Dieses Tor gilt als ein Juwel der Almohadenkunst. Die Rue Jama ist die Hauptstraße der Kasba, deren Gebäude zum Teil bis auf das 12. Jahrhundert zurückgehen. Die Moschee El-Atiq, die der Merinidensultan Abd-el-Moumen erbauen ließ, ist die älteste der Stadt. Von der nahegelegenen Plattform des alten Leuchtturms genießt man eine herrliche Aussicht auf die Strände von Rabat, die Mündung des Bou Regreg und der weiter unten zu seinem Schutz erbauten Skala.
Die Rue Laâlami fällt zwischen weißen Mauern ab, hinter denen sich vornehme Wohnhäuser verbergen, und führt zum Piratenturm. Von seiner Höhe genießt man eine herrliche Aussicht auf Salé und auf den tiefer gelegenen Teil der Kasba. Auf der Rue Bazo hingegen erreicht man das auf einer Terrasse gegenüber der Stadt Salé gelegene Maurische Café, von dem man den oberen Teil der Kasba überblickt. Ein kleines Tor verbindet das Café mit einem zwischen den begrünten Wällen gelegenen Garten. In einem großen Saal am Fuß der Bastionen hat man eine ständige Ausstellung über lokales Brauchtum eingerichtet. Der ganze Komplex wird von einem hohen quadratischen Turm überragt, der zu einem Gebäude des 17. Jahrhunderts gehörte. Zur Zeit ist hier das **Musée des Arts Marocains** untergebracht.
Nach Verlassen der Kasba liegen an der zum Bou Regreg parallel verlaufenden Allee das Kunstgewerbehaus, die Festung Bordj Sidi Maklouf und der gleichnamige Platz. Der **Hassan-Turm** befindet sich in unmittelbarer Nähe. Schon von weitem taucht das Minarett auf, das die Richtung weist. Die Ähnlichkeit dieses unvollendet gebliebenen Turms mit

dem Koutoubia-Minarett und dem Minarett der Giralda-Moschee ist unverkennbar. Beim Anblick der Ruinen kann man sich leicht eine Vorstellung machen von der großartigen Moschee mit ihren 360 Steinsäulen, die im Innern der Einfriedung erhalten sind. Der quadratische Turm mit 16,20 m Seitenlänge ist 44 m hoch und sollte ursprünglich doppelt so hoch werden. Im Innern führt eine breite Rampe mit geneigten Stufen auf den Turm hinauf, der eine herrliche Aussicht auf Rabat, Salé und Bou Regreg bietet.
Auf der entgegengesetzten Seite erhebt sich das **Mausoleum Mohammeds V.** Der Komplex umfaßt neben dem eigentlichen Mausoleum eine Moschee und ein Museum. Das 1971 von S.M. König Hassan II. zu Ehren des Vaters, Sultan Mohammed V., dem Befreier des Königreichs, erbaute Mauloseum ist ein Meisterwerk der hispano-maurischen Architektur und der traditionellen marokkanischen Kunst. Die Dekoration erreicht hier ihren höchsten Ausdruck und spiegelt die Entwicklung der Künste in Marokko seit frühester Zeit wider. Rom Landau schrieb, daß das Mausoleum «das Großartige und die Schlichtheit der ganz der Religion gewidmeten Almohadenkunst, die Eleganz und den Prunk der Meriniden und die Größe der Sadiden- und Alawiten-Dynastien in sich vereinigt».
Einige Kilometer vom Mausoleum entfernt, außerhalb der Stadtmauern, liegt **Chella**, das ebenfalls von einem Mauergürtel umschlossen ist. Der Ort hat eine doppelte historische Bedeutung. Hier hatten die Römer das antike Sala erbaut, von dem jedoch bisher nur geringfügige Reste freigelegt werden konnten. Die gegenwärtig durchgeführten Ausgrabungen lassen noch nicht viel mehr als den Nachweis dieser Stadt und einige Aussagen über ihre Bedeutung zu. Chella bewahrt darüber hinaus das wichtigste Zeugnis der Meriniden. Durch ein monumentales Tor, das von zwei zinnenbekrönten Bastionen flankiert ist, hat man Zutritt zu den **Gräbern der Meriniden**. Ein Pfad führt zu den einzelnen Monumenten, zu denen auch das von Gräbern islamischer Heiliger (Koubba) umgebene Heiligtum gehört. In der Nähe der Gräber des Sultans Abdou el-Hassan und seiner Frau Chems Eddoha steht eine Moschee, deren Minarett eine wunderschöne Dekoration auf-

Die Kasba mit dem Bab Oudaia.

weist. Ein Stück weiter erkennt man die Ruinen einer Zawija, ringsum erstreckt sich ein Blumengarten, der mit dem Wasser einer Quelle gesprengt wird, in der heilige Aale leben.
Neben Chella liegt der **Königspalast**. Die Gebäude nehmen das weite Gelände eines Mechouar ein, der als Garten mit Fontänen und breiten Alleen angelegt wurde. Der Komplex umfaßt eine schöne Moschee, die sogenannte Mosqué El-Fahs, wo der König am Freitag und an Feiertagen die Gebete verrichtete.
Ein schönes Tor führt vom Palast auf eine baumbestandene Allee. Wendet man sich hier nach links, erreicht man das **Bab el-Rouah** genannte **Tor**. Der Bau geht auf das 12. Jahrhundert zurück und ist das bedeutendste und besterhaltene Tor in der Almohadenmauer. Seine Dekoration und Ausmaße erinnern an die Porte des Oudaia. Die vier Vestibüle im Innern wurden zu Kunstgalerien umgestaltet.
Rechts vom Königspalast, gegenüber dem Moulay-Youssef-Gymnasium, erhebt sich die majestätische **Assounna-Moschee**, die größte in Rabat. Das Minarett überragt die ganze Stadt. Die im 18. Jahrhundert von Sidi Mohammed ben Abdallah erbaute Moschee wurde mehrmals restauriert. An dem großen Platz Jamaa Essounna vor der Moschee nimmt der Boulevard Mohammed V seinen Anfang; die Mitte der Allee schmücken Rasenbeete mit drei anmutigen Fontänen. An diesem Boulevard liegen der Hauptbahnhof, das Berufungsgericht, das Parlament, die Hauptpost, der Sitz der Bank von Marokko, Cafés, Restaurants, moderne Geschäfte und Kinos. Die Straße führt direkt zur Medina, wo die Besichtigung von Rabat, Symbol der glücklichen Verschmelzung von Alt und Neu, Authentischem und Universellem, beginnen kann.

Das Tor zur Nekropole von Chella aus dem 12. Jahrhundert.

Ein malerisches Bild bietet der traditionelle Wasserverkäufer.

Panorama von Meknes.

MEKNES

Meknes, rund 140 km östlich von Rabat gelegen, ist eine der sogenannten Königsstädte. Noch heute rivalisiert es, wie in der Vergangenheit, mit dem knapp sechzig Kilometer entfernten Fes.
Der Name der Stadt ist eng mit dem großen Alawitensultan Moulay Ismaïl verknüpft. Doch die Stadt ist viel älter. Man vermutet, daß der Stamm der Meknassa sich an den Ufern des Oued Boufekrane niederließ und dort Meknassa ez-Zeitoun und Meknassa Taza gründete. Der Almoravide Ibn Tachfin bemächtigt sich im Jahre 1066 dieser beiden Dörfer und beginnt sie zu befestigen. 1145 nimmt der Almohade Abdalmumin Meknassa ein. Mit der Ankunft der Meriniden werden günstige Einflüsse spürbar. Abou Yahya läßt eine neue Kasba und eine große Moschee errichten. Abou el-Hassan läßt eine Zawija und eine Medersa bauen, die von Abou Inane, nach dem sie auch benannt sind, fertiggestellt wurden.
Im 15. Jahrhundert macht Meknassa eine Krisenzeit durch. Abou Zakaria aus der Dynastie der Beni Ouattas bringt den Frieden, der von den Sadiern aufrechterhalten wird.
Im Jahre 1672 verwandelt Moulay Ismaïl Meknassa in eine Traumstadt. Nachdem er die Macht erlangt hat, verlegt er die Hauptstadt hierher. Die Gründe für diese Entscheidung sind vielfältiger Natur: der Wankelmut des neuen Sultans von Fes und Marrakesch, die Quellen von Zerhoun, der Reichtum des Hinterlandes, die Nähe zu den wichtigen Verkehrswegen, die Marokko von Westen nach Osten durchqueren.
Moulay Ismail setzt sich mit allen Mitteln und aller Kraft dafür ein, seine Hauptstadt mit großartigen Monumenten auszustatten. Mit Hilfe von Negersklaven, Gefangenen und Bewohnern der umliegenden Dörfer stellt er ein wahres Heer von Bauarbeitern, Maurern, Verputzern und Handwerkern zusammen und beteiligt sich persönlich an den Arbeiten.
Die Zerstörung der Meriniden-Kasba und eines großen Teils der Medina ist ein weiteres Zeichen für die ehrgeizigen Pläne Moulay Isamils. Auf dem geräumten Gelände läßt er kilometerlange Bastionen und Mauern, mächtige Tore, Getreidespeicher, Stallungen, Becken, Gärten, Moscheen, Paläste und

Hof im Mausoleum von Moulay Ismaïl.

Eingang zum Grab von Moulay Ismaïl. ►

Kasbas bauen.
Mit dem Tod Moulay Ismaïls beginnt der Niedergang von Meknes. Zwar entstehen in der Folgezeit weitere Gebäude, doch die Verlegung der Hauptstadt nach Fes und das Erdbeben von 1755 stellen die Stadt auf eine harte Probe.
Heute liegt Meknes mitten in einem reichen Agrargebiet. Ringsum erstreckt sich fruchtbares grünes Hügelland, auf dem Olivenhaine wachsen. Der Fluß Oued Boufekrane teilt die Stadt in die Altstadt (Medina) im Westen und die neue Stadt im Osten.
In Meknes konzentriert sich die gesamte landwirtschaftliche Produktion, die hier in den Handel gelangt: Wein, Getreide, Zitrusfrüchte, Oliven, Öl usw. Damit entstand eine bedeutende Lebensmittelindustrie. Eine Zementfabrik, eine Textilfabrik und Produktionsstätten für Landwirtschaftsmaschinen beschäftigen zahlreiche Arbeitskräfte. Das Kunstgewerbe blüht: Holzmalerei, Keramik und Stickereien. Meknes ist darüber hinaus ein hervorragender Fremdenverkehrsort mit guten Infrastrukturen. Die Medina bewahrt Zeugnisse der glorreichen Vergangenheit der Stadt. Von der Neustadt genießt man eine wunderschöne Aussicht auf die Medina mit ihren in den Himmel ragenden Minaretts. Das Stadttor Bab el-Hedim ist ein günstiger Ausgangspunkt für den Besuch dieser wunderschönen Stadt. Der gleichnamige Platz liegt im Zentrum der Altstadt.
Die rechteckige Place el-Hedim liegt zwischen der Medina, der Mellah (Judenviertel) und der Kaiserstadt. Besonders am Nachmittag ist der Platz bevölkert mit Gauklern, Märchenerzählern und Verkäufern. Im westlichen Teil wird ein bunter Markt abgehalten. Im Süden erhebt sich das mächtigste Tor der Stadt: **Bab el-Mansour el-Aleuj**. Der von Moulay Ismaïl begonnene Bau wurde erst nach seinem Tod 1732 fertiggestellt. Benannt ist das Tor nach dem Architekten, der es entworfen hat. Das ganz mit Keramikfliesen und grünen Mosaiken geschmückte Tor wird von einem kunstvollen Arabeskennetz gekrönt. Rechts befindet sich ein weiteres Tor aus der gleichen Epoche, das kleiner, jedoch außerordentlich harmonisch ist, das sogenannte Jamaâ en-Nouar. Auf der gegenüberliegenden Seite des Platzes erhebt sich ein **Dar Jamai** genanntes Gebäude, das der Wesir Jamai, der im Dienst des Alawitensultans Moulay el-Hassan (1873-1894) stand, errichten ließ. Es besitzt einen mosaikverzierten Brunnen aus dem Jahre 1914. Gegenwärtig ist der Palast Sitz des **Musée des Arts Marocains**. Die ursprünglichen

Bab Mansour, das wichtigste Stadttor von Meknes.

Bauformen sind gut erhalten. Der andalusische Garten ist in hervorragendem Zustand. Der Komplex stellt ein beachtenswertes Beispiel einer bürgerlichen Residenz des 19. Jahrhunderts dar. Vom Museum aus führt die Rue Sekkakim zum Stadttor Bab Barrima. In der Nähe liegen die Mellah und das Stadtviertel Berrima, die durch eine Mauer voneinander getrennt sind. Sie gehörte einst zu dem Mauergürtel, der zum Schutz der Kasba errichtet wurde. Die Rue des Bezzarin verläuft entlang den Bastionen der Altstadt bis zum Tor Bab el-Jedid. Den gleichnamigen Platz säumen Kaufhäuser und Geschäfte. Die Rue des Serrairia stößt auf die Rue des Nejjarine, in der vorwiegend Tischler und andere Handwerker arbeiten. Die Moschee En Nejjarine liegt am Ende dieser Straße. Das Minarett ist ein Werk von Sidi Mohammed ben Abdallah. Daneben liegt die stets belebte Kissaria el-Dlala, wo an sechs Tagen in der Woche eine Teppichauktion stattfindet. Ein Stück weiter stößt man auf die Rue Souk es-Sebbat, die dicht mit Bambusrohr überdeckt ist und an der sich Stoff-, Mode- und Schuhläden aneinanderreihen. Diese Straße führt zur Hochschule **Medersa Bou Inania**, einem schönen Gebäude mit wertvoll gearbeitetem Bronzeportal. Der von Sultan Abou el-Hassan begonnene Bau wurde von seinem Sohn Abou Inan vollendet. Man beachte die kuriose Kuppel, die das Gebäude krönt. Die Hochschule, die in der gleichen Epoche wie die Medersa in Fes entstand, weist Elemente auf, die in allen Gebäuden dieser Art wiederkehren: ein zentraler Innenhof mit einem muschelförmigen Brunnen, kleine Studentenzimmer, die über einer Galerie liegen, ein Betsaal mit Mihrab (Gebetsnische). Für die erlesene Dekoration wurde Majolika, geschnitztes Zedernholz und Stuck verwendet.

Vor der Medersa steht die **Große Moschee**, der bedeutendste Sakralbau von Meknes, der zur Almoravidenzeit entstand. Diese Moschee wurde vermutlich im 14. Jahrhundert von den Meriniden restauriert. In unmittelbarer Nachbarschaft befindet sich eine Medersa (Filada), die von Moulay Ismaïl 1689 erbaut wurde. Ein Stück weiter liegt die Kissaria, ein wichtiger Stoff- und Teppichmarkt. Wenn man die Rue Karmouni einschlägt, kann man die Medina von einem Ende zum anderen durchqueren. Hier sind sehenswert: der **Palast El Mansour**, die **Moschee er-Zitoun** und das **Bab el-Berdain**, das Nordtor der Altstadt. Dieses Tor beeindruckt durch seine gewaltigen Ausmaße. Der Name leitet sich vom Zedernholzmarkt her, der hier in der Nähe abgehalten wird. Man sollte an der Kissaria jedoch die Rue Dar Smerr einschlagen, die zur Place el-Hedim führt, wo man die alte Kaiserstadt besichtigen kann. Durch das Tor Bab el-Mansour gelangt man auf die große Place Lalla Aouda, die sich zwischen der Mauer und dem nur geringfügig erhaltenen Viertel Dar Kébira erstreckt. Historikern zufolge bestand

Das von Moulay Ismaïl Ende 17. Jahrhundert errichtete Tor Bab el-Khemis und eine Ansicht des Tors Bab en-Nouar.

der Palast aus etwa zwanzig einzelstehenden Pavillons. Hohe rechteckige Türme mit grünen Majolikadächern überragen die obere Mauerlinie. Das Viertel Dar Kébira ist von drei Mauergürteln umgeben: die Außenmauer ist im Nordosten mit mächtigen Vierecktürmen befestigt; der mittlere Ring war rundum mit einem Wehrgang ausgestattet; die innere Mauer war die höchste. Zu diesem Komplex gehörten vier weitere symmetrisch angeordnete Pavillons und zwei Moscheen, von denen die Moschee Lalla Aouda vom gleichnamigen Platz aus zu sehen ist. Nach Verlassen des Platzes erreicht man durch ein Tor den **Koubbet el-Khiyatine**, den Pavillon, in dem Moulay Ismaïl die Botschafter empfing. Dieser Pavillon ist auf einem Gelände erbaut, das mit Gewölben bedeckt ist. Diese unterirdischen Räume boten Raum für Tausende von Gefangenen und wurden auch als Lebensmittelspeicher benutzt. Der ehemalige Sultansgarten auf der gegenüberliegenden Seite des Platzes, eine wunderschöne, ruhige Grünanlage, wurde in einen Golfplatz verwandelt. Hier sollte man nicht versäumen, das ganz in der Nähe liegende **Mausolée de Moulay Ismaïl** zu besichtigen, das diesem großen Sultan gewidmet ist. Wenige Schritte entfernt beginnt am Tor Bab er-Rih eine lange überwölbte Passage, die aus einer Reihe auf schweren Säulen ruhenden Arkaden besteht. Am Ende des Ganges kommt man auf eine Straße, die von hohen Mauern flankiert ist. Hier befindet sich

Zwei Bilder des Hofes der Medersa Bou Inania.

rechts der **Palast Dar el-Makhzen**, der im 17. Jahrhundert erbaut und später restauriert wurde. Hinter der Palastmauer erstreckt sich der Méchouar, an dem sich ein Tor des 19. Jahrhunderts öffnet. Links befinden sich die Gärten der Agrarschule (früher Jenan ben-Halima), von denen ein schöner andalusischer Garten erhalten ist. Unweit entfernt treffen wir auf den Getreidespeicher (Héri), den Moulay Ismaïl in beachtlichen Ausmaßen baute; riesige Silos mit Gewölbedecken wurden in einem gewaltigen unterirdischen Kubus untergebracht. Darüber befanden sich die Lagerräume zwischen mächtigen Pfeilern, die das Terrassendach trugen. Das Licht strömte durch tiefe Öffnungen in den Mauern und im Dach ein. Aufgrund der dicken Mauern waren die Räume hervorragend zur Lagerung von Lebensmitteln geeignet. Die Wasserversorgung war durch vierzig Meter tiefe Brunnen gesichert. Das Wasser wurde durch ein mit Pferden betriebenes Becherwerk heraufgeholt. Dieser heute restaurierte Komplex bildet den **Dar el-Ma**. Ein vier Hektar großes Becken sammelt das Wasser zum Sprengen der Gärten. Von dem angrenzenden gigantischen Kornspeicher (insgesamt 23 Joche) sind nurmehr die Bögen und Pfeiler erhalten. Nach Durchschreiten des Tores Bab el-Aouda führt eine Gasse zum Dar el-Beida,

Eingang des Dar Djamaï, heute Museum für marokkanische Kunst.

einem weitläufigen Festungsbau, den Sidi Mohammed ben Abdallah Ende des 18. Jahrhunderts errichtete und in dem heute die Militärakademie untergebracht ist. An den Komplex schließt sich das Viertel El Djbabra mit den von Moulay Ismaïl erbauten Stallungen an, die bis zu 120.000 Pferde faßten. In der Mitte dieses bedeutenden Gebäudes befand sich ein überkuppelter Saal, der einst als Sattlerei diente. Der große achteckige Saal, über dem sich eine Kuppel mit sechzehn Kappen wölbte, besteht heute noch und gehörte mit Sicherheit zu diesem Komplex. In der Nähe befindet sich die von Sidi Mohammed ben Abdallah erbaute Djama Roua, an die sich eine kuriose Medersa anschließt. Es handelt sich um die ehemalige Moschee en-Nouar, die heute als Hochschule dient. Sie blickt auf das gleichnamige Tor und das Viertel Beni m'Hammed. Nach einem Rundgang um den Sultansgarten kommt man wieder zur Place el-Hedim zurück.
Unter den weiteren Sehenswürdigkeiten von Meknes seien erwähnt: die Tore Tizimi, El Khémis, Lalla Kadra, El Kari, Es Siba, Bou Ameir, das Mausoleum des Sidi Ben Aissa, eines Vorfahren der Aissaoua, die Koubba des Moulay Ahmed el-Ouazzani, der Garten El Haboul sowie die modernen und eleganten Gebäude der Neustadt.

Die bezaubernde Umgebung von Meknes lädt zu unvergeßlichen Exkursionen in die Städte **El Hajeb**, **Azrou** und **Ifrane** ein, die ihrerseits Ausgangspunkt für herrliche Ausflüge sind.
El Hajeb, an der Straße nach Azrou gelegen, ist ein schönes Bergdorf in 1045 Meter Höhe. Die Umgebung zeichnet sich durch Wasserfälle und reichlich sprudelnde Quellen aus. Wenige Kilometer vom Dorf entfernt verläuft die Straße am Rand einer Hochebene. Der Balcon d'Ito bietet eine herrliche Aussicht auf die Tigrigra-Landschaft.
In **Azrou** kann man eine Kasba besichtigen, die Moulay Ismaïl 1684 erbaute, sowie eine Kooperative für das Kunsthandwerk, die für ihre Teppichkollektionen bekannt ist.
Ifrane, ein ultramodernes Städtchen, das 1929 in 1650 im Höhe gegründet wurde, ist eine renommierte Sommerfrische und vielbesuchter Wintersportort. Von Azrou aus empfiehlt sich die Straße über Michliffen. Auf der Weiterfahrt von Ifrane in Richtung Fes kommt man an interessanten Seen vorbei: Dayet Aoua, Dayet Afourgah, Dayet Iffer und Dayet al-Hachlaf. In der Umgebung von Meknes liegen weitere geschichtsträchtige Orte, die einen Besuch lohnen, insbesondere die heilige Stadt Moulay Driss Zerhoun und Volubilis.

Die heilige Stadt Moulay Driss.

MOULAY DRISS

Moulay Driss liegt in der Nähe von Volubilis, etwa dreißig Kilometer von Meknes entfernt. Es gehört zu den historisch bedeutendsten Orten in Marokko. Hier wird das **Grab von Moulay Driss**, dem Gründer der ersten arabischen Dynastie von Marokko, der Idrisiden, bewahrt.

Moulay Driss, von dem die Stadt ihren Namen herleitet, gelingt es, den Abbasiden zu entfliehen, denen sich seine Familie in ihrem Machtbestreben stark widersetzte. Der Nachfahre des Propheten flüchtet nach Marokko, wo er sich die Unterstützung der Berber sichern kann. Am 6. Februar 798 wird er in Oualila zum Kalifen ausgerufen. Alle größeren Stämme des Landes schwören ihm nacheinander die Treue. Er zieht durch das Land und unterwirft auch die übrigen Stämme. Die Abbasiden, die aufgrund seiner Popularität um ihren Einfluß fürchten, lassen ihn schließlich ermorden. Von diesem Augenblick an wird Oualila ein Pilgerort für die Bewohner von Marokko, die das ganze Jahr über zahlreich hier zusammenströmen, insbesondere anläßlich des großen Moussem, das im August gefeiert wird.

Moulay Driss besteht aus zwei Stadtteilen: Tasga und Khiber, wo sich grüngedeckte Häuser aneinanderreihen. Die abschüssigen Gassen führen zum Mausoleum und enden am Souk mit seinen charakteristischen belebten Läden. Ein modernes zylinderförmiges Minarett, das mit grünen Keramikfliesen geschmückt ist, auf denen Koranverse wiedergegeben sind, kontrastiert mit der vorwiegend traditionellen Architektur, ohne jedoch die in der Stadt herrschende Atmosphäre der Heiligkeit zu mindern.

VOLUBILIS

Volubilis ist ein Juwel unter den Kunststätten dieser Gegend und stellt ein wichtiges Zeugnis der antiken Baukunst in Marokko dar. Die Römer haben hier prunkvolle Bauten errichtet. Die Stadt wurde in sehr früher Zeit gegründet. Aus den 1915 begonnenen und noch nicht abgeschlossenen Ausgrabungen geht hervor, daß der Ort seit der Eisenzeit und zur Zeit der Karthager bewohnt war. Eine Festung aus der Zeit der damaligen Provinz Mauretania Tingitana und eine punische Stele, auf der von der Einrichtung eines «Suffetato» oder obersten Magistratur die Rede ist, weisen auf die Existenz einer städtischen Ordnung in Volubilis bereits vor dem 3. Jahrhundert v. Chr. hin.

Die Römer führen einen neuen Begriff der Stadtplanung ein. Sie statten das marokkanische Territorium mit den in allen ihren Provinzen üblichen Gebäuden aus: Stadtmauer, Forum, Kapitol, Basilika. Doch erkennen sie schon zu Beginn der Kolonisierung, wie schwierig es ist, das für ihre Architektur typische rechteckige Raster hierher zu verpflanzen. Denn Volubilis besaß dort, wo die Bodenerhebung besonders ausgeprägt ist, bereits eine städtische Anlage. So versuchen sie, die Verkehrslösungen und das Straßennetz zu verbessern. Die Stadt muß ausgedehnt werden. An der Nord- und Nordostseite der maurischen Stadt ist ein regelmäßiges Straßennetz vorgesehen, dessen Verwirklichung viel Zeit erfordert. Nach mehreren Bauphasen ist es schließlich 169 n. Chr. fertiggestellt. In diesem Bezirk wird eine sechs bis zwanzig Meter breite Straße von Ost nach West gezogen: der Decumanus Maximus. Die Straße wird von Portiken gesäumt, die an der Nordseite mit runden Gewölben und an der Südseite mit Architraven ausgestattet sind, so daß die Bewohner auf geschützten Bürgersteigen gehen können. Die mit korinthischen Lisenen geschmückten Portikuspfeiler tragen Kapitelle mit glattem Blattmuster, auf denen das Gebälk ruht.

Ein vorbildliches und für jene Zeit typisches Straßennetz verbindet die einzelnen Stadtteile miteinander. Das Wasser, das über Aquädukte aus einer nahegelegenen Quelle in die Stadt geleitet wird, versorgt die Häuser und öffentlichen Brunnen. Die Abwässer und das Regenwasser werden über ein Kanalnetz in einen tief unter der Hauptstraße verlaufenden Kanal und anschließend in den Oued Kroumane geleitet.

Die 2,5 km lange maurische Stadtmauer umschließt eine 40 Hektar große Fläche. Die Römer erweitern

Triumphbogen in Volubilis.

Mosaiken mit Darstellungen von Delphinen und anderen Tieren im Haus des Orpheus in Volubilis.

die Mauer, um die Neubaugebiete einzubeziehen. Sie schaffen neue Tore; an dem sogenannten Tangertor im Nordwesten beginnt der Decumanus Maximus. Es besteht aus zwei seitlichen Durchgängen für Fußgänger und einem Mitteltor für Fahrzeuge.
Volubilis besitzt öffentliche Gebäude von beachtlichen Ausmaßen. Das **Forum** mit dreieckigem Grundriß, das eine Fläche von 1300 Quadratmetern einnimmt, wird im Süden von einer Tribuna begrenzt. Dieser geschlossene und gepflasterte Platz liegt im Schnittpunkt der alten und neuen Stadtviertel. Es ist der Brennpunkt des politischen, administrativen und religiösen Lebens. Auf einer Seite wird es von einem Tempel, auf der anderen von einem Tribunal flankiert.
Der zu Ehren des Kaisers Macrinus im Jahre 217 n. Chr. errichtete **kapitolinische Tempel** nimmt eine Fläche von 38 mal 33 Meter ein; er stand in einem weiten und gepflasterten Hof, der von einem Portikus umgeben war und von dem noch einige Elemente erhalten sind. In diesem Hof befand sich ein rechteckiger Altar am Fuß einer Monumentaltreppe, die dem viersäuligen kapitolinischen Tempel vorgelagert war. Das Kapitol wies vier herrlich restaurierte Fassadensäulen und zwei rückwärtige

Säulen auf. Die imposante **Basilika des Tribunals** erinnert an die Severianische Basilika in Leptis Magna in Lybien. Der Bau stammt aus dem 2. Jahrhundert n. Chr. Der Aufgang erfolgt über drei Stufen und eine Außentreppe. Das 42,20 m lange und 22,30 m breite Gebäude besitzt ein Mittelschiff und zehn Seitenschiffe, die alle durch korinthische Säulen unterteilt sind. Das breitere Mittelschiff weist auf beiden Seiten je eine Apsis auf, in der sich eine dreifache Tür mit zwei Säulen öffnet. Die Apsiden waren vermutlich für die Gerichtsverhandlungen bestimmt, während die angrenzenden Räume der Gerichtskanzlei vorbehalten waren. Eine blinde Mauer im Osten trennt die Basilika von der Kurie, mit der sie durch einen Durchgang im Norden und Süden verbunden war. Die Westfassade beherrscht das Forum. Sie besteht aus zwei blinden Zonen und einem aus acht Arkaden gebildeten Mittelbereich.
Die römische Architektur zeichnet sich auch durch die Schönheit ihrer Ehrenmäler aus, wie des **Triumphbogens in Volubilis**, der 1931 teilweise restauriert wurde. Der Bogen wurde im Jahre 217 auf einem rechteckigen Platz am Schnittpunkt der Stadtviertel erbaut und trägt noch eine Inschrift, auf der zu lesen steht, daß Kaiser Marc Antonius der Auftraggeber war. Sowohl die Widmung als auch der

Die mächtigen Ruinen der Basilika, die als Justizpalast diente.

Das Haus der Säulen in Volubilis, 3. Jahrhundert.

Grundstein gehen auf den Prokurator Marcus Aurelius Sebastenus zurück. Der aus lokalem Kalkstein erbaute mächtige Triumphbogen, der aus nur einem Durchgang besteht, ist 19,28 m breit und 4,34 m tief und ist mit einem sechsspännigen Wagen geschmückt. Die beiden Fassaden sind identisch. Einige Details sind original und stehen der römischen Baukunst zweifellos fern. Das gleiche gilt für die brunnenartigen Nischen, die mit Widerlagern ausgestattet sind; zwei korinthische Säulen tragende Sockel rahmen die Becken, in denen das Brunnenwasser gesammelt wurde, ein.
Der Wohnungsbau ist sehr unterschiedlich. Volubilis besaß sowohl Häuser für das niedere Volk als auch Patrizierhäuser für die wohlhabenden Schichten.
Die bescheideneren Häuser lagen im alten Stadtteil im Südwesten. Sie waren aus gestampftem Lehm erbaut und besaßen nur einen oder höchstens zwei Räume. Die in den vornehmeren Vierteln gelegenen Wohnhäuser in Peristyl-Form inspirieren sich an hellenistischen Vorbildern. Sie lagen auf großen Grundstücken und waren mit Umfassungsmauern, Atrien und prunkvoll verzierten Fußböden versehen. Durch die Dekoration drückten die Eigentümer ihren Geschmack und ihre Ideale aus und stellten ihren Reichtum und Wohlstand zur Schau. Zwei Häuser sind in diesem Zusammenhang besonders bezeichnend. Das **Haus des Orpheus**, das nach dem Mosaik im Triklinium benannt ist, liegt im alten Stadtteil von Volubilis. Es wurde mehrfach erweitert und verschönert und enthält alles, was zur häuslichen Atmosphäre und zur Tätigkeit des Hausherrn und seiner Familie gehört.
Die schönste und größte Residenz ist das **Haus der Venus**. Hinter einem geräumigen Eingang sind die Wohnungen um einen Peristylhof angeordnet, in dem ein reizender kleiner Garten liegt. Die Wände sind mit sehenswerten Dekorationen bedeckt. Das aus acht Zimmern und sieben Gängen bestehende Erdgeschoß besitzt einen Mosaikfußboden mit geometrischen Motiven und mythologischen Szenen

griechisch-römischer Inspiration. Der Luxus dieses Hauses kommt in der Dekoration und in den schönen Bronzeskuplturen mit *Büsten des Cato und Juba II.* zum Ausdruck.
In zahlreichen römischen Gebäuden waren Produktionsstätten und Handwerksbetriebe untergebracht. Davon zeugen Spuren von Müllereien und Bäckereien. Die Ölmühlen in Volubilis erlebten aufgrund des intensiven Olivenanbaus im Hinterland eine große wirtschaftliche Blüte. Man fand sogar Ölpressen in Nebenräumen von Wohnhäusern. Wie in allen römischen Städten manifestierte sich der Wohlstand nicht zuletzt in den **Thermen**, die in Volubilis auf die Zeit der Flavier zurückgehen.
Unter den anderen Gebäuden dieser schönen römischen Stadt sind erwähnenswert: das **Haus des Epheben**, so genannt, weil man hier 1932 eine efeugeschmückte Ephebenstatue fand. Der noch heute erkennbare Grundriß ruft die herrlichen römischen Wohnanlagen aus der Kaiserzeit wach. Der im Archäologischen Museum ausgestellte Ephebe zeugt von dem ausgeprägten Sinn der Römer für harmonische Proportionen. Das gleiche gilt für die Fassade des sogenannten Hauses der Mühen des Herkules, den Palast des Kaisers Gordian, das Haus der Goldenen Münze und andere Monumente.
In der Nähe des Eingangs zum Ausgrabungsgebiet von Volubilis hat man ein **Lapidarium** eingerichtet, in dem zahlreiche Sockelinschriften, Kapitelle und Skulpturenfragmente bewahrt werden, unter anderem eine *Venus mit Delphin* und ein *Bacchus* aus weißem Marmor, beides hervorragende Kunstwerke. Zwei Wandmosaiken stellen einen *Medusenkopf* und eine *Allegorie des Windes* dar. Kunstfreunde können hier guterhaltene Mosaikdekorationen von beachtlichem Wert sehen. Geometrische Figuren und Arabeskenzeichnungen spiegeln die bevorzugten Themen jener Zeit wider.
Die Farben und Töne sind kunstvoll aufeinander abgestimmt. Die schönsten Mosaiken befinden sich in Gebäuden zu beiden Seiten des Decumanus Maximus.

Blick auf den Decumanus Maximus mit den Ruinen des Forums.

Panorama von Fes.

Hof der Medersa Attarine, deren Bau 1325 vollendet wurde. ▶

FES

60 km von Meknes entfernt liegt Fes, eine der vornehmsten Städte der muselmanischen Welt. Seit Jahrhunderten ist sie kulturelles und religiöses Zentrum, Schmelztiegel der Maghreb-Kultur. Darüber hinaus ist Fes die älteste der Königsstädte und die Hauptstadt der ersten arabischen Dynastie in Marokko.
Die Gründung der Stadt geht auf die Regierungszeit von Idriss I. zurück. Damals war Fes nichts weiter als ein kleines Berberdorf (Medinet Fes) am rechten Ufer des Oued Fes, wo heute das andalusische Viertel liegt.
Um das Jahr 809 ließ Idriss II., Sohn von Idriss I., am linken Ufer des Oued Fes die Hauptstadt der Idrisiden erbauen. Schon bald wuchs die neue Gründung zu einer prächtigen, wohlorganisierten Stadt an. Flüchtlinge aus Kairouan ließen sich hier nieder, während die aus Cordoba vertriebenen Andalusier jenen Teil der Stadt bevölkerten, in dem Idriss I. einst das Dorf Medinet Fes errichtet hatte. Dank dem Eifer, der Betriebsamkeit und Rivalität zwischen der aus Kairouan kommenden Bevölkerung und den Andalusiern erlebten beide Städte einen beachtlichen Aufstieg. Fes wurde zum kulturellen und religiösen Zentrum für ganz Marokko. In dieser glanzvollen Bauperiode entstanden herausragende Monumente, vor allem Moscheen, die an beiden Ufern des Oued Fes erbaut wurden.
Die Almoraviden und die Almohaden lebten in der Hauptstadt ihrer Dynastien, Marrakesch, zeigten aber eine starke Vorliebe für Fes. In der Almoravidenzeit wurden die beiden Städte von einem einzigen Mauergürtel umgeben, und es entstand Fes el-Bali. Unter der Regierung der Almohaden erlebte die Stadt eine außergewöhnliche Blüte, und das geistig-kulturelle Ansehen hielt mit der wirtschaftli-

Teilansicht des Nehass-Tors und der Fassade des Königspalastes.

chen Entwicklung Schritt.
Die Meriniden machten Fes wieder zu ihrer Hauptstadt, die jetzt einer Ausdehnung bedurfte. So entwickelte sich ein neuer Stadtkern: Fes Djedid. Der neue Stadtteil wurde mit einer Ringmauer, einem Palast, einer großen Moschee, einem Markt und allem ausgestattet, was die neue Dynastie benötigte, um in der Hauptstadt würdig vertreten zu sein. Doch auch Fes el-Bali blieb weiter bestehen, es wurde verschönert und restauriert. Es wurden wunderschöne Hochschulen (Medersa), Wohnhäuser und herrliche Paläste gebaut. Marmor und Majolika sind die vorherrschenden Dekorationselemente. Die Karaouine-Universität entwickelte sich zu einem lebendigen Kultur- und Wissenschaftszentrum. Auch der Wirtschaftsaustausch wurde intensiviert.
Mit dem Ende der Merinidenherrschaft erlahmten die Aktivitäten, und Fes ging einer Zeit des Niedergangs entgegen. Die scherifische Dynastie der Saadiden bemächtigte sich 1544 der Stadt. Die neuen Herrscher zogen als Hauptstadt jedoch Marrakesch vor und verlegten ihre Residenz dorthin. Noch bevor Moulay Ismaïl beschloß, Meknes zur Hauptstadt seines Reiches zu erheben, ließen sich die Alawiten in der Stadt nieder. Zwei Jahrhunderte lang geriet Fes praktisch in Vergessenheit. Erst Sultan Moulay Abdallah verhalf der Stadt zu neuem Ansehen. Fes wurde erneut Hauptstadt des Reiches und behielt diesen Rang bis zum Protektoratsvertrag. Im Verlauf dieser langen Zeit fand die Stadt zu ihrer eigenen Vergangenheit zurück. Den Sultanen der Alawitendynastie sind die Expansion, die Erhaltung des historischen Erbes und der Bau neuer Monumente zu verdanken.
Anfang des 20. Jahrhunderts entstand im Süden von Fes el-Bali und Fes Djedid eine neue moderne Stadt, die ein weites Gebiet einnimmt und heute das Verwaltungszentrum von Fes bildet. In dieser Neustadt

Innenhof der Medersa Bou Inania.

Das Tor Bab Bouleloud und Detail der großen Uhr an ▶ der Medersa Bou Inania.

ist weniger von der typischen Atmosphäre, der Schönheit und dem geheimnisvollen Zauber von Fes zu spüren.
Der Schlüssel zum Verständnis der Stadt liegt in der Medina. Von der Anhöhe, auf der die Merinidengräber liegen, hat man einen interessanten Überblick: ein Meer weißer, grüngerahmter Dächer vor einer Bergkette, aus der die Minaretts aufzuragen scheinen. Einen weiteren grünen Fleck bilden die Dächer der Zawijya Moulay Idriss und die Kararouine im Herzen der Altstadt. Hier oben erscheint die Stadt ruhig. Die dichtstehenden Häuser verbergen das Straßengewirr, und man fragt sich, mit welchen Verkehrsmitteln sich die zweifellos zahlreiche Bevölkerung im Stadtinneren fortbewegt.
Von den Gräbern des 16. Jahrhunderts sind nur wenige Reste erhalten. Die in der Nähe des Fort Chardonnet abschüssig verlaufende Straße führt zum Stadttor Bab Guissa, das 1204 von der Almohadendynastie erbaut wurde. Eine Medersa gleichen Namens befindet sich neben einer Moschee, deren Totensaal auf das 14. Jahrhundert zurückgeht. Durch ein benachbartes Tor hat man Zugang zum Palazzo Jamai. Diese alte aristokratische Residenz des ausgehenden 19. Jahrhunderts wurde später ausgebaut und in ein Luxushotel umgewandelt. In der Nähe des Bab Guissa befindet sich das Warenlager Fondouk el-Yhoudi des ehemaligen Judenviertels, das im 18. Jahrhundert durch die Mellah in Fes Djedid ersetzt wurde.
Man betritt Fes el-Bali durch das wunderschöne **Stadttor Bab Boujeloud**. Trotz des antik wirkenden Stils handelt es sich um einen Bau aus dem Jahr 1913. Das mit blauen und grünen Majoliken verzierte Tor blickt auf zwei herrliche Minaretts. Eines gehört zu der kleinen Moschee Sidi Lezzaz, das andere mit reicherer Dekoration beherrscht die **Medersa Bou Inania**. Es handelt sich um die größte und bedeutendste islamische Meriniden-Hochschule in Fes, die zwischen 1350 und 1355 von Sultan Abou Inan erbaut wurde. Sie diente gleichzeitig als Koranschule und Gebetsstätte. Schon beim Eintritt ist der Besucher überwältigt von der prachtvollen Ausstattung. Die Tür ist aus Bronze, die mit Onyx und Majolika geschmückte Treppe führt zu einer Holztür, durch die man einen großen marmorbelegten Innenhof betritt. Quer über den Hof verläuft ein schmaler Wasserlauf, der vom Oued Fes abgeleitet ist. Wände, Boden, Türen, Fenster und Decke des Innenhofes sind auf das feinste und prächtigste de-

Charakteristischer Winkel im Stadtviertel der Färber und Gerber. Auf den Balkonen stapeln sich die soeben gefärbten Hammel- und Ziegenfelle.

koriert. Die Tür des Hörsaals ist ein Meisterwerk. Der Betsaal besitzt ein Mihrab und ein Minbar, die vollständig mit Skulpturen geschmückt sind. Im Inneren kann man wunderschöne Glasfenster, Kapitelle und die geometrischen Versteifungen des Daches bewundern. An der Außenfassade der Medersa befinden sich auf einer Konsole dreizehn Bronzeglocken. Über den Glocken verläuft ein mit Stuck und Holzschnitzereien verzierter Fries mit dreizehn kleinen Fenstern, an denen Reste eines Glockenspielmechanismus zu erkennen sind. Man vermutet, daß es sich um einen Uhrmechanismus handelt, doch läßt sich über das Funktionsprinzip wenig aussagen.

Die Rue du Grand Tala, die Hauptstraße von Fes el-Bali, verbindet die Medersa Bou Inania mit der **Medersa Attarine**. Im Verlauf der Straße stößt man auf eine Reihe herrlicher Monumente und charakteristischer Bauten: die Moschee Sidi Ahmed Tijani, Brunnen, Fondouks (Stofflager), Guelsa (Mosaiksitze), das majolikaverkleidete Minarett der Moschee Cherabliyin, den Souk Attarine. In der Nähe erhebt sich die mächtige Medersa Attarine, die der Merinidensultan Abou Said von 1323 bis 1325 erbauen ließ. Diese Hochschule ist zwar kleiner als die Medersa Bou Inania, steht ihr aber an Schönheit und kostbarer Ausstattung in nichts nach. Die ziselierten Bronzetüren führen in ein harmonisch gestaltetes Innere: Marmor, Stuckdekorationen, Zellij (emaillierte Fliesen) und Holzschnitzereien vereinen sich zu einem von Ebenmaß und Schönheit geprägten Gesamtbild.

Nicht weit entfernt befindet sich die **Mosquée Karaouine**, ein bedeutender Kultort für den Islam. Die von Fatima el-Fihria gegründete Moschee hatte ursprünglich (857) bescheidene Ausmaße. Später wurde sie erweitert, verschönert und restauriert. Im Jahre 933 wurde sie in eine Moschee mit Khotba umgewandelt und 956 mit einem schönen Minarett ausgestattet. Andalusische Künstler ließen hier erlesene Werke der hispano-maurischen Kunst entstehen. Besondere Aufmerksamkeit verdient der Teil vor dem Mihrab. Sultan Almoravide Ali ben Youssef verlieh dieser Moschee 1135 ihre endgültige Form und Größe. Sie nimmt eine Fläche von Tausenden von Quadratmetern ein und besitzt vierzehn mächtige Tore. Die Moschee, die bis zu zweitausend Gläubige aufnehmen kann, ist das einzige heute

noch benutzte Gebäude aus der Almoravidenzeit. Später haben die Almohaden, Meriniden, Sadiden und Alawiten dieses Monument geprägt, das weltweit zu einem Symbol für Marokko wurde.
Rund um diesen weitläufigen und alten Universitätskomplex entstanden die Medersen Mesbahiyin, Serrafin und Cherratin.
Im Westen befindet sich die **Zawija von Moulay Idriss**, die das Grab des Gründers von Fes enthält. Schon im 15. Jahrhundert wurde dieses Heiligtum zu einem regelrechten Pilgerort für die Marokkaner.
Die **Kissaria**, das Handelszentrum der Stadt, erstreckt sich zwischen der Zawija und der Karaouine. Ein Gewirr von belebten Gassen verleiht der Gegend ihren einzigartigen Charakter. Hier kann man Textilien und Bekleidung aller Art kaufen. In den an die Zawija grenzenden Sträßchen reihen sich Spezialgeschäfte aneinander, in denen Raumschmuck, Posamenten, Keramik und Goldschmuck angeboten werden. Ein wenig abseits, auf dem Marktplatz Souk au Henné, wird eine typische Pflanze verkauft, die zum Färben und zur Pflege der Haare, Hände und Füße dient. Auf der anderen Seite des Platzes steht ein Brunnen, der mit Mosaiken, Stuck und geschnitztem und bemaltem Holz verziert ist. Dieser Platz ist außergewöhnlich ruhig, ganz im Gegensatz zu der von lärmenden Handwerkern bevölkerten **Place Seffarine**, wo die Kupferschmiede charakteristische Gefäße herstellen. Die Bäume und der elegant verzierte Brunnen machen diesen Platz zu einem kühlen Ort, der besonders im Sommer zum Verweilen einlädt.
Wenn man die Rue Méchatine einschlägt, erreicht man das Gerberviertel. Von einer Terrasse aus kann man den Handwerkern bei der Arbeit zuschauen. Das zum Gerben der Felle notwendige Wasser liefert der Oued Fes. Der Eingang zum Andalusischen Viertel befindet sich am Tor Bab Ftouh. In der Nähe der Mauer liegen die Läden und Brennöfen der Töpfer, wo die typischen emaillierten Fliesen (Zellij) hergestellt werden. In unmittelbarer Nähe steht die **Moschee der Andalusen**, die von der Schwester der Fatima al-Fihrya gegründet wurde. Sie geht auf die gleiche Epoche zurück wie die Karaouine-Moschee. Das mächtige keramikverkleidete Nordportal und das holzgeschnitzte Dach sind überwältigend. Es handelt sich um ein wahres Meisterwerk der Almohadenkunst. Die ursprünglich als einfaches Gebetshaus konzipierte Moschee erhielt 956 ein Minarett und wurde von dem Almohadensultan Anasser erweitert. Die Meriniden fügten einen schönen Brunnen an (1307) und bauten die Bibliothek (1415). In der Nähe der Moschee liegen die **Medersa es-Sahrij**, die nach dem großen Becken in der Mitte eines reichgeschmückten Innenhofes benannt ist, und die Medersa Sebaine, die durch die Lehre der sieben Arten des Korangebets berühmt wurde. Es empfiehlt sich, von Fes el-Bali zu Fuß in Richtung Place des Alouits zu gehen, die sich als Ausgangspunkt zur

◂ *Die Place Ennejjarin mit dem in tausend Farben glitzernden Brunnen, der mit Mosaikdekors und feinen Steinskulpturen geschmückt ist.*

Ein Innenhof der imposanten Moschee Karaouine. Die Moschee, eine der größten des Maghreb, ist der Stolz des Islam und gilt als Inbegriff der muslimischen Gebetsstätte.

Blick in das Innere der Medersa Sahrij, die zwischen 1321 und 1323 gebaut wurde, und das herrliche Portal der Moschee der Andalusier.

Ein Fenster in der Moschee der Andalusier. ►

Entdeckung von Fes Djedid eignet. Ein Abstecher durch el-Batha ermöglicht den Besuch des **Marokkanischen Kunstmuseums**. Das Ende 19. Jahrhundert erbaute Gebäude, in dem das Museum untergebracht ist, stellt ein beachtenswertes Beispiel der hispano-maurischen Architektur dar. Es besitzt wertvolle Sammlungen mit Kunstgegenständen und Kunstgewerbe aus Fes und der umliegenden Region. Die archäologische Abteilung enthält Funde aus dem 12. Jahrhundert. Die Place des Alouits ist ein großer Platz vor dem mit hohen Mauern umschlossenen Königspalast Dar el-Makhzen, der eine Fläche von achtzig Hektar einnimmt. Weiter unten befindet sich die stark belebte Rue des Mérinides. Sie durchquert die Mellah, das ehemalige Judenviertel, das für seine Goldgeschäfte bekannt ist. Das Tor Bab Semmarin bildet den eigentlichen Zugang zu Fes Djedid. Dieser Stadtteil ist kleiner und weniger pittoresk als Fes el-Bali. Das Tor, über dem sich weite Gewölbe spannen, liegt an einer breiten Straße, die von zahllosen Läden gesäumt wird, und auf der rechterhand die Moschee el-Hamra mit einem Minarett aus dem 14. Jahrhundert liegt. Ein wenig abseits befindet sich die von Sultan Abou Inan erbaute Moschee al-Azhar, mit skulptiertem Portal, das wahrscheinlich aus Andalusien stammt. Hinter dem Tor Bab Dekaken betritt man den von hohen Mauern umgebenen kleinen Méchouar, der oberhalb des Qued Fes liegt. Durch ein Tor auf der gegenüberliegenden Seite hat man Zugang zum Viertel Moulay Abdallah. Hier ist ein Wasserrad (Noria) zu sehen, das 1287 für die Wasserversorgung der umliegenden Gärten gebaut wurde. Ein Stück weiter erhebt sich die große Moschee, in deren Nähe sich das *Grab des Sultans Abou Inan* befindet. Mehrere Marktplätze trennen dieses Monument von der von dem Alawitensultan Moulay Abdallah errichteten Moschee, die in einer Koubba (Mausoleum) die sterblichen Hüllen des Gründers und von Moulay Youssef bewahrt. In der Nähe des Tores Bab Dekaken, hinter dem kleinen Méchouar, liegt das Tor Bab el-Siba, durch das man den Vieux Méchouar erreicht. Am späten Nachmittag treffen sich hier, umringt von einer dichten Menschenmenge, Märchenerzähler, Gaukler und Tänzer. In westlicher Richtung liegt die Makina, ursprünglich eine Waffenfabrik, die heute teilweise von einer Teppichweberei eingenommen wird. Am Ende des Vieux Méchouar erkennt man die Ruinen des alten **Tores Bab Segma**, das zur Zeit der Merinidendynastie errichtet worden war. Dieses Tor ist der Kasba des Cherarda zugewandt, die Moulay er-Rachid 1670 erbaute und in der man heute ein Krankenhaus eingerichtet hat.

Einige Ansichten der Place Mohammed V., die das Verwaltungszentrum der Stadt bildet.

CASABLANCA

Casablanca, die größte Stadt im Königreich Marokko, liegt auf halbem Weg zwischen Fes und Marrakesch. Alle anderen größeren Städte folgen ihr mit Abstand, was die Einwohnerzahl und wirtschaftliche Rolle betrifft. Über 10% der Bevölkerung Marokkos lebt in dieser Stadt, in der die wichtigsten Industriebetriebe, Finanz- und Wirtschaftsunternehmen angesiedelt sind.
In den letzten Jahrzehnten erlebte Casablanca einen beachtlichen Aufschwung. Anfang des Jahrhunderts betrug die Einwohnerzahl 250.000, heute leben über 3.000.000 Menschen in dieser Stadt. Der Bevölkerungszuwachs erlebt seit der Gründung eine stetige Aufwärtsentwicklung.
Die genaue Lage der ursprünglichen Stadt läßt sich schwer ermitteln, da der Ort wahrscheinlich schon in frühester Zeit besiedelt war. Im Westen des heutigen Stadtgebietes, in Anfa, existierte vermutlich ein karthagischer Handelsplatz. In der Folgezeit tauchte der Name dieses Dorfes unter den kleinen Häfen auf, die sich zeitweilig der Piraterie hingaben. Nach der Eroberung Marokkos durch die Araber blühte Anfa als Hauptstadt des Berberreiches der Berghouatas. Dem Almohadensultan Abdalmumin gelang es, den Widerstand dieses Stammes zu brechen. Nachdem Anfa als Handelshafen und Piratenstützpunkt einige Bedeutung erlangt hatte, war es den Repressalien der Portugiesen ausgesetzt und wurde zweimal zerstört, 1468 und 1515. Sechzig Jahre später bauten die Portugiesen die Stadt wieder auf, befestigten sie und gaben ihr den Namen Casa Branca. Über zwei Jahrhunderte blieben sie dort. Das Erdbeben von 1755 und der zähe Widerstand der benachbarten Stämme zwangen die Portugiesen schließlich, den Ort zu verlassen.
Sidi Mohammed ben Abdallah, Sultan der Alawiten, übernahm den Wiederaufbau der Stadt, die nun den arabischen Namen Dar el-Beida trug. Die Spanier, die sich Ende des 18. Jahrhunderts hier ansiedeln durften, tauften die Stadt in Casablanca um, und unter diesem Namen wurde sie weltberühmt. Aber damals (Mitte 19. Jahrhundert) war Casa-

Das Viertel der Habouss, die Altstadt von Casablanca, und die Moschee der Medina

blanca nur ein Dorf mit knapp 700 Einwohnern. Später kamen europäische Kaufleute hierher und eröffneten Handelsplätze für den Kauf von Getreide und Rohmaterial für die Textilindustrie. Die Schiffe legten nun regelmäßig hier an, und so entwickelte sich ein reger Seehandel zwischen Marokko und den europäischen Ländern. Angelockt von den wirtschaftlichen Möglichkeiten, ließen sich zahlreiche marokkanische Kaufleute und Handwerker in dem Stadtteil nieder, der heute zur alten Medina geworden ist. England, Spanien und Frankreich entsandten Vizekonsuln nach Casablanca. Die Bevölkerung wuchs, und Anfang des Jahrhunderts überschritt die Einwohnerzahl bereits 20.000 Menschen. 1906 begann man mit dem Bau des modernen Hafens. Damals wurde Casablanca zum Stützpunkt für das Vordringen der Franzosen in Marokko. Die Ermordung von neun Hafenarbeitern im Jahr 1907 und der vom französischen Konsulat angeordnete Baustopp lieferten den Vorwand für eine Militäraktion.
1912 beschloß Lyautey, Casablanca zum wichtigsten Hafen von Marokko auszubauen und die Stadt zur Generalresidenz der europäischen Bevölkerung zu machen. Die Entwicklung der Hafentätigkeit, des Handels, der Finanzen und Industrie ließ Casablanca zum größten Wirtschaftszentrum des Landes werden.
Nach dem zweiten Weltkrieg erlebte die Industrie einen starken Aufschwung, der massive Kapitalinvestitionen mit sich brachte. Die Bevölkerung, die sich hier aus Ausländern, aus anderen Städten, insbesondere Fes zugewanderten Marokkanern und vor allem aus arbeitsuchenden Bauern zusammensetzte, nahm unterdessen ständig zu.
Die Entwicklung von Casablanca, die ununterbrochen bis in unsere Tage anhält, wird im wesentlichen durch die geographische Lage in der Mitte der marokkanischen Atlantikküste begünstigt. Das reiche Hinterland, sowie die Chaouia und der Tadla haben einen beachtlichen Beitrag zur Expansion von Casablanca geleistet. Die Küstenlage von Casablanca bedeutete kein Hindernis für die Ausdehnung des Stadtzentrums, da das Gelände in der Lage ist, große Ballungszentren zu absorbieren. Darüber hinaus ist Casablanca traditionsgemäß eines der bedeutendsten Wirtschaftszentren Afrikas. Dank seiner Rolle als führende Handelsstadt nimmt es eine dominierende Stellung im ganzen Land ein. Von hier aus werden die importierten Produkte und Manufakturware in das gesamte Königreich weitergelei-

Der Parc de la Ligue Arabe umgibt das Stadtzentrum.

tet. Vom Hafen von Casablanca gelangen die nationalen Erzeugnisse in die übrige Welt. Die größten Banken, Versicherungsgesellschaften und großen Firmen haben ihren Sitz in dieser Stadt.
Darüber hinaus ist Casablanca das Industriezentrum von Marokko, wo sich mehr als die Hälfte aller Fabriken befinden. Die Industriestruktur ist sehr vielseitig und umfaßt sowohl Leicht- als auch Schwerindustrie.
Mit Ausnahme der Wohngegenden im Süden und Westen besitzt die Stadt beachtliche Industriebetriebe, von denen sich der größte Teil im sogenannten Roche Noires-Viertel am Hafen konzentriert.
Der Hafen wurde an einer schwer zugänglichen Stelle künstlich angelegt. Um ihn gegen Sturzwellen zu schützen, die im Winter besonders heftig sind, mußten auf mehr als drei Kilometern Wellenbrecher bis zu einer Tiefe von 18 Metern gebaut werden. Aufgrund der geneigten Küstenplattform war es notwendig, den Tiefgang für Schiffe mit hohem Tonnengehalt durch Aufschüttungsmaterial auf etwa 500 Meter Länge zu sichern. So entstand ein moderner, gutorganisierter Hafen, dessen Haupttätigkeit den Export von Phosphaten, Mineralien, landwirtschaftlichen und handwerklichen Erzeugnissen betrifft. Nicht weniger bedeutend ist der Import, der im wesentlichen aus Kohlenwasserstoff, Lebensmitteln, Maschinenausrüstungen, sowie chemische und metallurgische Produkte umfaßt. Der Reiseverkehr wie auch das Fischereiwesen spielen eine untergeordnete Rolle. Der Hafen von Casablanca mit seinem regen Handelsverkehr ist das Tor von Marokko nach Europa und in andere Länder.
Casablanca ist eine moderne Stadt und besitzt deshalb wenige historisch bedeutende Baudenkmäler. Es lohnt sich jedoch, die von einer Mauer umschlossene Medina in der Nähe des Hafens zu besuchen, wo die Bauart der Häuser und das Gewirr der Gassen einen starken Kontrast zum modernen Teil der Stadt bilden. Hier herrscht ein reges Treiben, insbesondere in der Rue du Commandant Provost, wo zahlreiche Geschenkartikel und sonstige Waren feilgeboten werden. Das Kunstgewerbe blüht und kann mit einem ständigen Angebot an Erzeugnissen aus allen Regionen Marokkos aufwarten: Teppiche aus Rabat, aus dem Atlasgebirge und Sous; Stickereien aus Fes und Azemour; Keramik aus Salé und Safi; Holzschnitzereien aus Essaouira und Tetouan; Goldschmiedearbeiten aus Tiznit, Taroudant und Tanger. Sehenswert in der Medina sind außerdem die Skala und die Moschee Dar el-Makhzen, deren Bau auf das 18. Jahrhundert zurückgeht, die

Avenue des Forces Armées Royales, eine bekannte Einkaufsstraße.

Koubba von Sidi ben-Smara, der Marabout des Sidi Belyout und das Heiligtum des Sidi el-Kairouani. Auch die von den Spaniern 1891 erbaute Kirche Buenaventura kann man besichtigen.
In der Nähe der Alten Medina bezeichnet eine Glaskuppel mit eklektischer Architektur die **Place Mohammed V**. Hier ist das Zentrum der Stadt, wo sich die von öffentlichen Gebäuden, Geschäften, Restaurants, Hotels und Kinos gesäumten Hauptstraßen kreuzen.
Eine Unterführung quer durch den Platz macht den Verkehr flüssiger. Besonders betriebsam sind der Boulevard Mohammed V und die Fußgängerstraße Moulay Abdallah.
Gegenüber der Place Mohammed V öffnet sich ein weiterer Platz, der wegen seiner bunten Wasserspiele bekannt ist: die **Place des Nations-Unies**, die schönste Gegend von Casablanca. Hier stehen rational konzipierte und ausgefallene Gebäude: der Justizpalast, Sitz der Wilaya, über dem sich ein herrlicher, etwa 50 Meter hoher Turm erhebt, die Hauptpost, das Stadttheater.
Im Verlauf der Avenue Hassan II erreicht man den Anfang des Jahrhunderts angelegten **Park der Arabischen Liga**, eine grüne Oase mitten in der Stadt, die zu erholsamen Spaziergängen einlädt. Hohe Palmen säumen die schöne Allee und schaffen ein beschauliches Ambiente, das mit dem hektischen Stadtbetrieb kontrastiert.
Sehenswert sind auch andere Stadtviertel, wie die zu

Die Moschee Hassans II.

Beginn unseres Jahrhunderts entstandene Neue Medina mit ihren Marktplätzen, Handwerkstätten, Souvenierläden, der Mahakma (früher: Mahakma du Pacha), einem Gebäude, dessen Baustil und Dekoration traditionelle Züge aufweist, und die schöne Moschee Sidi Mohammed ben Youssef, die Wohngegend von Anfa mit Luxusvillen, die sich an den Hang über der Küste schmiegen, und das Seebad Ain Diab, das sich mit seinen Hotels, Badeanstalten, Cafés, Restaurants und Nachtlokalen an der Küste erstreckt. Das in der Nähe befindliche Aquarium enthält zahlreiche Fischarten und Spezies aus allen Meeren der Erde.
Ebenfalls an der Atlantischen Küste, jedoch weit westlicher im Vergleich zur Alten Medina, ist ein Monument das die Solidarität, das Engegement, den Genius und die Frömmigkeit des marokkanischen Volkes symbolisiert: die **Moschee Hassans II.**. Dieses Juwel der modernen Architektur, im Herzen der bevölkerungsreichsten Viertel von Casablanca gelegen, stellt die Zukunft der Stadt dar und trägt positiv zur Veränderung des Stadtbildes bei. Darüber hinaus wird die Medina neu angelegt, Monumente und Stadtmauern werden restauriert, das Geschäftszentrum wird vergrößert und verbessert, neue breite Straßen werden gebaut, die Küstenstraße wird neu strukturiert und die Strandpromenade Ain Diab wird mit neuen Anlagen ausgestattet. Die ganze Stadt Casablanca wird sich künftig von Grund auf wandeln, so daß sie nicht nur zur modernsten Stadt in Marokko wird, sondern eine der größten afrikanischen Metropolen, vor allem aber auch eine der schönsten Städte der Welt an der Schwelle des 21. Jahrhunderts.

Die Moschee Hassans II.: Details des Äußeren und der Fassade.

Die Moschee Hassans II.: Drei Inneansichten mit kostbaren aus Kronleuchtern aus Muranoglas und Verkleidungen aus Carraramarmor.

Die weißen Häuser von Azemmour.

AZEMMOUR

Die rund 80 Kilometer südlich von Casablanca gelegene Stadt Azemmour strahlt eine rein maghrebinische Atmosphäre aus. Sie wurde an der Stelle erbaut, wo der Oued Oum er-Rbia in den Atlantischen Ozean mündet, und war vermutlich bereits den Karthagern bekannt. Aus der Zeit, als Azemmour ein bedeutender portugiesischer Handelshafen war, sind noch Spuren vorhanden. Ein mächtiger schöner Mauerring umgibt diese herrliche Stadt mit ihren weißgestrichenen Häusern und kuriosen Türen.

Von der Brücke über den Oued Oum er-Rbia genießt man ein wunderschönes Panorama der Stadt, an deren Flußufer eine üppige Vegetation gedeiht. Lange Zeit bildete das in der ganzen Region blühende Fischereiwesen die Haupterwerbsquelle für die Bewohner. Gegenwärtig geht dieser Wirtschaftszweig stark zurück, und auch der Alsenfang ist durch den Deichbau beeinträchtigt. Das traditionelle Stickereihandwerk steckt in großen Schwierigkeiten. Immerhin verzeichnet die Landwirtschaft eine starke Aufwärtsentwicklung, insbesondere die Tomatenproduktion.

Auch touristisch wird die Stadt in immer stärkerem Maß erschlossen. Die schöne Landschaft und der Zauber der Medina tragen hierzu ebenso bei wie das sommers wie winters konstant milde Klima und das reizvolle Seebad Haouzia, das nur wenige Kilometer von Azemmour an der Straße nach El Jadida liegt.

Die berühmte «Portugiesische Zisterne», riesige unterirdische Räume in El Jadida (früher Magazan).

Die Bastion de l'Ange. ▶

EL JADIDA

El Jadida, 90 Kilometer südwestlich von Casablanca gelegen, ist ebenfalls eine aufstrebende Stadt.
Dank ihrer geschichtsträchtigen Vergangenheit und herrlichen Lage an der atlantischen Küste wurde sie zu einem international bekannten Touristenort. Der in unmittelbarer Nähe gebaute Hafen Jorf Lasfar machte die Stadt in den letzten Jahren zu einem bedeutenden Wirtschaftszentrum. Die ersten sicheren historischen Daten der Stadt gehen auf die 1502 einsetzende portugiesische Herrschaft zurück. Damals hieß die Stadt Magazan. Die Portugiesen bauten Verteidigungsanlagen, und es gelang ihnen, trotz des Widerstands der Bevölkerung, der Belagerungen und Aggressionen der zentralen Macht über zwei Jahrhunderte den Besitz zu wahren. Zahlreiche Spuren der lusitanischen Zitadelle gelangten bis in unsere Zeit. Die Altstadt ist auch heute noch von einem mächtigen Mauerring umgeben, der durch vier Bastionen verstärkt wird, die sogenannte Bastion du Saint-Esprit, je ein dem hl. Antonius und dem hl. Sebastian gewidmetes Bollwerk, und die Bastion de l'Ange. Zwischen dem ersten und dem letzten dieser Bollwerke verläuft an der Mauer ein Kanal, ein Überbleibsel des ehemaligen Grabens, der die Zitadelle umgab. An der Straße, die vom Festungseingang zum Seetor Porta do Mar führt, hat man Zutritt zu einer unterirdischen Zisterne des 16. Jahrhunderts. Vermutlich diente sie als Speicher, bevor sie 1641 in Zisterne umgebaut wurde, um dem Wassermangel während der Belagerung entgegenzutreten. Die auf 25 Säulen ruhenden Gänge erstrekken sich auf einer Länge von 34 Metern je Seite. Eine dreieinhalb Meter große Öffnung am Gewölbe eines der Gänge läßt in diesem eindrucksvollen Halbdunkel ein faszinierendes Licht- und Schattenspiel entstehen.
Aus historischen Quellen geht hervor, daß Mazagan trotz der fast ein halbes Jahrhundert dauernden spanischen Besetzung zur Zeit der portugiesischen Herrschaft der wichtigste Handelshafen an der Atlantikküste war.
Dem Alawitensultan Sidi Mohammed ben Abdallah gelang es 1769, die Stadt zu befreien. Doch bevor die Portugiesen abzogen, ließen sie die Stadt evaku-

◀ *Blick auf die Moschee von El Jadida.* *Stadtansicht mit der Bastion de l'Ange.*

ieren und zerstörten einen Großteil der Festungsanlagen. Mit dem Wiederaufbau begann Moulay Abder-Rahman im Jahre 1815. Das eigentliche Wachstum der inzwischen El Jadida genannten Stadt setzte jedoch erst Ende 19. Jahrhundert ein. Während des französischen Protektorats nahm die nun florierende und in der Expansion begriffene Stadt erneut die Bezeichnung Mazagan an. Unmittelbar nach der erlangten Unabhängigkeit durchlebte El Jadida eine Zeit des Stillstands, der über ein Vierteljahrhundert dauerte. Heute ist El Jadida wieder eine ausgesprochen dynamische Stadt mit einer Wirtschaftsentwicklung ohnegleichen auf allen Sektoren. Infrastrukturen wie die Bahnlinie, der Hafen, die Industrie, aber auch kulturelle Projekte, die in der Stadt und Umgebung realisiert wurden, liegen zum großen Teil diesem Wandel zugrunde.
Das reiche Hinterland stellt eine weitere Erwerbsquelle für El Jadida dar. Die Ebene der Doukkala besitzt ein wichtiges Bewässerungsnetz. Am Oeud Oum er-Rbia wurden drei Deiche gebaut: stromauf Imfout, der größte Deich, dann Daourate und Sidi Said Maachou. Dieses Bewässerungssystem kommt der Landwirtschaft der gesamten Region zugute. Die Weizenproduktion ist gestiegen, und der Anbau von Zuckerrüben und Viehfutter nahm stark zu. Der Weinbau, der sowohl auf kleinen Gütern wie auf Großgrundbesitzen anzutreffen ist, gehört zu den traditionellen Kulturen in der Ebene, insbesondere auf den von der inneren Meseta gebildeten Hängen. Zuweilen wechseln Weingärten mit Weizen- und Gerstekulturen ab, die sich bis südlich von Sidi Bennour erstrecken. Der Bau des Hafens von Djorf Lasfar einige Kilometer vor der Stadt begünstigte die Schaffung zahlreicher Fabriken, und es entstand ein regelrechtes Industriegebiet, das sich auf einer Fläche von 117 Hektar ausdehnt.
Die touristisch interessanten Orte werden regelmäßig restauriert und instandgehalten. Die Lichtung der Bevölkerung in der portugiesischen Stadt gilt als ein vorrangiges Anliegen im Rahmen des Interventionsprogramms der öffentlichen Ämter. Darüber hinaus zielt der von der Stadt aufgestellte Plan zur Wahrung des sozialwirtschaftlichen Allgemeinwohls darauf ab, den Bewohnern einen sanierten Lebensraum zu bieten, der die Schaffung von Handwerksbetrieben sowie Handels- und Touristikunternehmen vorsieht.
Zu diesem Zweck wurden bereits Ruinen geräumt, Zugangsstraßen verbreitert, Wohnhäuser saniert, indem man sie unter anderem mit Strom und Trinkwasser ausstattete. Straßen und Plätze wurden gepflastert, in einigen Fällen mit Kieselsteinen oder Granit belegt.
Zur Zeit plant man die Anlage eines Fischereihafens und eines Jachthafens, um die Stadt für den Tourismus attraktiver zu machen. Der Bau dieser beiden Häfen trägt dazu bei, daß diese Küstenstadt, die durch ein außergewöhnlich mildes Klima und wunderschöne Strände mit feinstem Sand begünstigt ist, den Namen verdient, den man ihr einst verlieh: das Beauville von Marokko.

◄ *Die Marienkirche in El Jadida.*

Die Kasba de Boulaouane.

KASBA DE BOULAOUANE

Der Name dieser Kasba, die etwa fünfzig Kilometer südlich von El Jadida an der Hauptstraße nach Agadir liegt, bedeutet «Festung der Hilfe». Die Wehrburg beherrscht in bezaubernder Lage die mächtigen Schleifen des Oum er-Rbia. Von der Kasba genießt man ein herrliches Panorama über das gesamte Flußgebiet in der Ebene der Doukkala.
Der Bau dieser Festung ist ein Werk des Alawitensultans Moulay Ismaïl und geht auf das Jahr 1710 zurück, wie eine Inschrift auf dem Architrav des monumentalen Eingangstores besagt.
Innerhalb des rechteckigen Mauerringes, der von sieben Bastionen flankiert wird, sind noch Reste der königlichen Residenz zu sehen, in der sich Moulay Ismaïl zeitweilig aufhielt. Der Komplex besitzt außerdem eine Moschee und Lagerräume.
Diese Kasba spiegelt die Politik des Souveräns wider, der seinem Land den Frieden geben und die Bevölkerung beschützen wollte. Die Historiker berichten, daß zu seiner Regierungszeit eine Frau von Oujda zum Qoud Noun gehen konnte, ohne daß jemand nach ihrer Herkunft oder ihrem Bestimmungsort gefragt hätte. So entstanden auf Betreiben Moulay Ismaïls zahlreiche Festungsanlagen. Die bekanntesten sind Adekhsan am Nordrand des Atlasgebirges, Agourai im Mittleren Atlas und die Kasba de Boulaouane.
Heute sind diese Kasba und das umliegende Gebiet berühmt wegen eines hervorragenden Weines, des sogenannten «Grauen von Boulaouane».

Einige Ansichten des Töpferviertels in Safi und die am Meer gelegene Burg, die ein herrliches Panorama bietet.

SAFI

Das etwa auf halbem Weg zwischen Casablanca und Agadir gelegene Safi ist eine Küstenstadt, die seit ihrer Gründung vom Atlantischen Ozean geprägt wurde.
Vermutlich leitet sich der Name aus dem Berberwort «Assif» her, was soviel wie Oued oder Wasserlauf heißt. Tatsächlich durchfließt der Oued Chaaba die Stadt von Osten nach Westen.
Das genaue Gründungsdatum läßt sich nicht mit Bestimmtheit festlegen. Einige Autoren glauben, daß ihr Ursprung sogar auf die Karthager zurückgeht, andere halten die Stadt für noch älter. Fest steht, daß die im 6. Jahrhundert von Berbern gegründete Stadt anfangs ein kleines abgelegenes Zentrum war. Erst im 13. Jahrhundert entwickelte sich der Ort zunächst unter den Almohaden und später unter den Meriniden. Um die zweite Hälfte des 15. Jahrhunderts interessierten sich die Portugiesen für Safi und ließen sich dort nieder. Doch der Widerstand der eingeborenen Bevölkerung wuchs, und die Portugiesen sahen sich schließlich gezwungen, 1541 die Stadt zu verlassen.
Die Sadiden, die die Bevölkerung während der Auseinandersetzungen unterstützten, übernahmen nun die Regierung der Stadt. Damals erlebten Safi und sein Hafen einen starken wirtschaftlichen Aufschwung. Die Alawiten, insbesondere der Sultan Sidi Mohammed ben Abdallah, setzten sich für die Schaffung neuer Handelsbeziehungen ein und förderten die Hafentätigkeit. In jener Zeit nahm Safi eine neue Gestalt an und erreichte eine Dimension, die sie bis heute bewahrt hat und die ihren spezifischen Charakter ausmacht.
Safi ist eine der bedeutendsten marokkanischen Städte am Ozean, deren Schwerpunkt auf dem Ausfuhrhafen liegt. Die Fischerei spielt eine wesentliche Rolle im Wirtschaftsleben der Stadt. Unter Nutzung der auch im Sommer kalten Strömung an der Küste südlich von El Jadida kann die Fischereiflotte hier zahllose Sardinenbänke fangen. Parallel dazu entwickelte sich entlang der Küste eine intensive Fischkonservenindustrie, die einen Großteil der ansässigen Arbeitskräfte beschäftigt. Die von diesem Hafen ins Ausland exportierten Fischkonserven stellen ei-

nen wichtigen Anteil der marokkanischen Ausfuhrprodukte dar.
Von Bedeutung ist auch die seit vielen Jahren bestehende chemische Industrie, die Schwefelsäure und Phosphate produziert.
Dennoch wurde die Stadt hauptsächlich wegen ihrer handwerklichen Produktion berühmt. Besonders betriebsam ist das Töpferviertel. Trotz Wahrung der traditionellen Techniken und Modelle suchen die Handwerker häufig nach modernen Lösungen, um ihre Erzeugnisse den heutigen Anforderungen der Kunden anzupassen. Was den Tourismus anbelangt, so verfügt Safi über beachtliche Sehenswürdigkeiten. Das heute restaurierte **Seeschloß** läßt Einflüsse der portugiesischen Epoche erkennen. Von der südwestlichen Bastion genießt man einen herrlichen Blick auf den Ozean, den Hafen und die Stadt. Erwähnenswert sind auch die Reste einer Kathedrale und die Kechla (Zitadelle), deren Mauern einen bemerkenswerten Palast umschließen. Außerdem besitzt Safi sehenswerte Gebäude aus der Zeit der marokkanischen Sultane.

Die Küste mit dem Cap Beddouza.

CAP BEDDOUZA

Auf halbem Weg zwischen Qualidia und Safi liegt Cap Beddouza, früher als Cap Cantin bekannt, ein Bergrücken an der Westküste Marokkos.
Historischen Quellen zufolge ließ der karthagische Admiral Hanno etwa im 5. Jahrhundert v. Chr. auf diesem in den Atlantischen Ozean reichenden Landzipfel, inmitten einer waldreichen Vegetation und schilfbedeckten Lagune, ein Heiligtum errichten, das dem Gott Poseidon gewidmet war.
Heute ist das Cap Beddouza weniger grün, aber der wunderschöne Strand bietet einen herrlichen Ausblick auf den Atlantischen Ozen. Das Kap gehört zu jenen unvergeßlichen Orten, die sich an der Küstenstraße zwischen El Jadida und Safi hinziehen. Hinter dem antiken Mazagan taucht das Dorf Moulay Abdallah mit einer beachtenswerten weißen Moschee und den Ruinen des Ribat (befestigtes Kloster) Tit auf. Die Straße führt um Djorf Lasfar herum, wo man überwältigende Ausblicke auf den Atlantischen Ozean bis **Qualidia** genießt. Qualidia, ein kleines Seebad an der Lagune, ist Sitz einer königlichen Residenz. Die Gründung geht auf die Dynastie der Sadiden zurück und ist ein Werk des Sultans el-Qualid, der zur Verteidigung des Hafens die Kasba erbauen ließ. Die Reste dieser Festung, die man besichtigen kann, liegen über der ehemaligen Lagune Air. Von Cap Beddouza aus setzt sich die Straße an der hohen Steilküste fort, in deren Verlauf man auf den Strand Lalla Fatma und den Bergrükken stößt, von dem man die Stadt Safi erblickt.

ESSAOUIRA

130 Kilometer von Safi entfernt liegt der bezaubernde Ort Essaouira. Die der Stadt vorgelagerten kleinen Inseln waren seit dem 7. Jahrhundert v. Chr. besiedelt. Die Phöniker und Karthager legten mit ihren Schiffen in dieser Bucht an, wie aus den hier gefundenen Keramikfragmenten hervorgeht. Zur Zeit des Berberprinzen von Mauretania Tingitana, Juba II., blühte hier ein Produktionszentrum für Purpur, das die Römer besonders schätzten. Im 16. Jahrhundert landeten die Portugiesen hier, die den Ort befestigten und Mogador nannten. So veranlaßte Manuel von Portugal 1506 den Bau der mächtigen Festungsanlage.
Eigentliche geschichtliche Bedeutung erlangte Essaouira jedoch erst im 18. Jahrhundert. 1760 ließ Sidi Mohammed ben Abdallah, vierter Sultan der Alawitendynastie, an dem gesicherten Ankerplatz einen Hafen und eine Festung bauen, um seine Flotte zu schützen. Den Historikern zufolge hatte der Sultan noch einen weiteren Grund für sein Interesse an Mogador. Die Rebellion und der Widerstand, den einige große Kaufleute und Notabeln von Agadir und der umliegenden Region der Zentralmacht entgegensetzten, durften nicht ungestraft bleiben. Die Antwort des Sultans ließ nicht lange auf sich warten. Er beschloß, sich Agadir zum Rivalen zu machen, und der erste Schritt in dieser Richtung war der Bau des Hafens. Der Handel blühte, und schon bald war Agadir gezwungen, seinen Hafen zu schließen. Um Fremde nach Essaouira zu locken und die Bewohner zu überzeugen, Handel zu treiben, wurden zahlreiche Freizonen eingerichtet. Ein weiterer Aspekt dieser Politik stellt der Bau einer neuen wunderschönen Stadt dar. Auf Wunsch des Sultans Sidi Mohammed ben Abdallah sollte sie größer und besser ausgestattet sein als Agadir. Mit dem Projekt beauftragte er den französischen Architekten Théodor Cornut, der hier ein wahres Meisterwerk schuf. Auch heute noch beeindruckt Essaouira durch seine Schönheit, die breiten, sich rechtwinklig kreuzenden Straßen, seine Festungsanlagen und die Monumente.
Von der Hochebene der Skala genießt man eine herrliche Aussicht auf diese weiße Stadt mit ihren blaubemalten Türen und Fenstern. Die wunderschöne Lage auf der Halbinsel trägt ebenfalls dazu

Die 1769 erbaute Porte de la Marine in Essaouira.

Oben und auf nebenstehender Seite die mit Kanonen ausgestattete Hafenbastion (Skala du Port) in Essaouira; unten der Beffroi.

bei, daß diese Stadt eine wachsende Besucherzahl verzeichnet. Das gemäßigte und milde Klima rund um das Jahr sowie der zum Meer hin sanft abfallende herrliche Strand mit feinstem Sand sind weitere Attraktionen für den Tourismus in Essaouira. Eine Stadtrundfahrt führt zum Hafen, in die Medina, die Skala und ins Judenviertel, die Mellah. Der Eingang zum Hafen erfolgt durch die **Porte de la Marine**, ein klassisch anmutendes Tor, das ganz in Naturstein erbaut ist. Aus der Inschrift auf dem Giebel geht hervor, daß es im Jahre 1184 der Hedschra, das heißt im Jahre 1769 errichtet wurde. Im Hafen herrscht ein reger Verkehr von Fischerbooten. Sobald sie einlaufen, findet eine Frischfischauktion statt. Berühmt sind auch die Sardinen vom Grill, die hier im Hafen fangfrisch angeboten werden.
Die Medina ist ein bezaubernder Ort. Auf beiden Seiten der breiten Straßen reihen sich herrliche Geschäfte aller Art aneinander. Die Avenue de l'Istiqlal führt zum Markt, der wegen seiner wunderschönen Portiken berühmt ist. Über die parallel verlaufende Avenue Mohammed Zerktouni gelangt man zur Mellah und zum Tor Bab Doukkala. Auf der ande-

ren Seite der Avenue de l'Istiqlal (vor dem Hafen) öffnet sich in der Nähe der großen Moschee ein mächtiger Portikus zur Avenue Oqba ben Nafi, die in Wirklichkeit ein kleiner ummauerter Platz ist.
Die Skala der Kasba ist eine 200 Meter lange erhöhte Plattform, die von bezinnten Mauern umgeben ist. Hier sind wappengeschmückte Kanonen spanischer Herkunft aufgestellt. Über allem erhebt sich ein großer quadratischer Turm, von dessen Spitze man einen herrlichen Blick auf die Atlantikküste genießt.
In den Zellen im Erdgeschoß der Kasba arbeiten die besten Handwerker der Stadt, wahre Meister auf dem Gebiet der Thuja-Holzintarsien, die Essaouira in der ganzen Welt berühmt gemacht haben: Musikinstrumente, Truhen, Spiegelrahmen, Instrumentengriffe, Gewehrkolben, Einrichtungsgegenstände wie Tische, Stühle, Schränke, Anrichten und Bücherregale. Die Dekoration greift die typisch geometrischen Muster des hohen künstlerischen Erbes in Marokko auf. Das Thuja-Holz wird mit Zitrusbaumholz, Perlmutt, Ebenholz und Goldfäden zu wertvollen Intarsien verarbeitet. Diese Kombinationen ergeben eine Vielfalt an Kreationen und ein Sortiment unbeschreiblich schöner Gegenstände. Hunderte von Stunden mühsamer Präzisionsarbeit sind notwendig, um diese meisterhaften Einlegearbeiten zu schaffen.
Das jüdische Viertel (Mellah) nimmt einen beachtlichen Teil der Stadt ein und zeugt von der Bedeutung des israelitischen Volkes, das sich hier seit der Gründung von Essaouira niedergelassen hat.
Die Juden haben wesentlich zur wirtschaftlichen, sozialen und kulturellen Entwicklung der Stadt beigetragen. Die Mischung der einheimischen Bevölkerung mit den Fremden macht die Originalität von Essaouira aus, die den volkstümlichen Traditionen und anderen künstlerischen Ausdrucksformen zugrunde liegt. Auch heute noch kommen viele berühmte Exponenten aus der Welt des Theaters, der Musik, Malerei und den intellektuellen Kreisen aus Essaouira. Das alljährlich im Sommer stattfindende Festival, an dem Einheimische und Touristen gleichermaßen teilhaben, gibt Gelegenheit, sich einen Einblick in das künstlerische Erbe der Stadt zu verschaffen.

Malerische Nachtaufnahme von Marrakesch.

MARRAKESCH

Marrakesch ist eine der vier Königsstädte Marokkos. Die einstige Hauptstadt der Dynastien der Almoraviden und Almohaden erlebte später unter den Meriniden eine schwere Krisenzeit. Erst die Sadiden verhalfen der Stadt wieder zur Blüte. Die Alawiten hinderten Marrakesch zwar nicht am Aufstieg und Fortschritt, zogen jedoch Fes, Meknes oder Rabat als Hauptstadt des Königreichs vor.

Die Bedeutung von Marrakesch beruht auf seiner geographischen Lage im Schnittpunkt zwischen dem nördlichen und südlichen Landesteil, nicht weit von der Sahara und der Atlantikküste entfernt. Zahlreiche Straßen laufen in dieser Stadt zusammen, die sich hier nach Agadir, Casablanca, Fes und Meknes verzweigen. Darüber hinaus ist Marrakesch dem Gebirge zugewandt und öffnet sich mit den Flüssen Tizi n'Test und Tizi n'Tichka in Richtung Sahara.

Die Stadt blickt auf eine geschichtsträchtige Vergangenheit zurück und darf sich rühmen, dem ganzen Land den Namen gegeben zu haben. Vermutlich geht die Gründung auf das Jahr 1070 zurück, als der Almoravidenführer Abou Bakr hier eine Kasba (Qsar Lahjar) errichten ließ, deren Ruinen nördlich des heutigen Koutoubia freigelegt wurden. 1071 übernahm Youssef ibn Tachfin die Regierung der Stadt und stattete sie mit einigen Monumenten aus. Er verstärkte die eigene Macht zu Lasten seines Vetters Abou Bakr, indem er sein Hoheitsgebiet über Marokkos Grenzen hinaus bis auf die hiberische Halbinsel ausdehnte. Marrakesch erlebte einen starken Aufschwung, der durch die wirtschaftlichen Beziehungen mit Spanien begünstigt wurde. Nach seinem Tod folgte ihm 1106 sein Sohn Ali auf dem Thron. Er ließ die berühmte Moschee Ibn Yousseff bauen und umgab die Stadt mit einem Mauerring. Ein Netz mit Kanälen (Khettara) sicherte die Wasserversorgung. Unter seiner Regierung nahm Marrakesch den Charakter einer wahren Hauptstadt des Königreiches an, das sich von der Sahara bis zum Ebro, vom Atlantik bis nach Algier ausdehnte. Der Handel blühte, das Handwerk entwickelte sich, während gleichzeitig das intellektuelle Leben engagierte Formen annahm. Von all dem sind keinerlei Zeugnisse erhalten. Die Almohaden haben sich bemüht, alle Spuren ihrer Vorgänger auszulöschen und

Bab Agnenaou, das berühmteste Stadttor von Marrakesch aus dem Jahr 1150.

Die Sadidengräber wurden unter der Regierung des Sultans Ahmed el-Mansour erbaut. ►

ließen nur die Stadtmauer stehen, deren Zerstörung auch den Abriß der Medina bedeutet hätte. Noch heute läßt sich in der Altstadt von Marrakesch die Zivilisation der Almoraviden ablesen. Im Jahre 1147 gründete Abd el-Moumen die Almohadendynastie und erhob die Stadt zur Hauptstadt des Königreiches. An der Stelle, wo der Palast der Almoraviden stand, ließ er eine erste Koutoubia erbauen, der später eine weitere folgte. Er entwarf einen weitläufigen Garten mit großen Wasserreservoirs. Sein Nachfolger Abou Yacoub Youssef stattete die Stadt mit einem neuen Viertel aus und begann mit der Anlage eines großen Parks. Sein Sohn, Yacoub el-Mansour, ließ eine neue Kasba errichten, die verschiedene Gebäude, eine Koubba, Thermen, eine Kissaria, ein Krankenhaus und schließlich einen Rennplatz umfaßte.
Während der Regentschaft dieser großen Könige erlangte Marrakesch den Glanz vergangener Zeiten zurück und entwickelte sich zu einem bedeutenden Handels- und Kulturzentrum. Nach dem Tod von Yacoub el-Mansour begann eine Zeit des Niedergangs, die von Tumulten, Aufständen und Plünderungen charakterisiert war.
Im Jahre 1269 ging der Merinidensultan Abou Youssef Abdelhak als Sieger hervor, doch verlegte er kurze Zeit danach die Hauptstadt nach Fes. Aus der Epoche der Merinidendynastie bewahrt Marrakesch nur geringfügige Reste.
Die Sadiden machten aus Marrakesch wieder die Hauptstadt von Marokko. Dies war der Beginn eines großen historischen Augenblicks für die Stadt. Dieser Dynastie verdankt die Nachwelt zahlreiche Bauten, die heute den Stolz der Stadt darstellen, wie den Palast Dar Si Said, sowie die Restaurierung vieler historischer Monumente. Der heutige Souverän, König Hassan II., hegt eine besondere Vorliebe für diese Stadt und hält sich recht häufig dort auf. Er setzte sich erfolgreich für die Verschönerung sowie die soziale und wirtschaftliche Entwicklung der Stadt ein. Seit seiner Thronbesteigung schuf Hassan II. in Marrakesch Einrichtungen und Infrastrukturen von hohem qualitativen Niveau.
Dank der geographischen Position und geschichtsträchtigen Vergangenheit ist Marrakesch heute einer der von Touristen meistbesuchten Orte in Marokko. Die Neustadt ist sicherlich von Interesse, attraktiv ist jedoch vor allem die Medina mit ihren zahlreichen Monumenten, die von der Glanzzeit dieser Stadt zeugen. Die beste Jahreszeit für die Besichti-

◄ *Der große Hof und zwei Innenräume des Palais de la Bahia; der als «Die Glänzende» bezeichnete Palast wurde zwischen 1894 und 1900 erbaut.*

Eine Wanddekoration im Palais de la Bahia.

gung von Marrakesch ist das Winterhalbjahr von November bis Mai. Dann ist die Sonne erträglich, und hinter üppigen Palmenhainen ragen die schneebedeckten Gipfel des Hohen Atlas auf. Die hier üblichen Kaleschen sind ein angenehmes und preiswertes Verkehrsmittel für die Stadt. Die Stadtrundfahrt kann im Zentrum beginnen. Hier befindet sich das **Minarett der Koutoubia-Moschee**, die sich durch ihre Architektur und prächtige Dekoration auszeichnet. Dieses Minarett, das auf die Almohadendynastie zurückgeht, erinnert in seiner Form an die Tour de Hassan und die Giralda, die in späterer Zeit erbaut wurden. Das herrliche Monument ist das vollkommenste hispano-maurische Bauwerk in diesem Land. Hier verschmelzen Naturstein, Ziegelstein und Beton zu einem ausgewogenen Ganzen. Der vollendet harmonische Außenschmuck des Bauwerks ändert sich auf jeder Seite und besteht aus gemaltem Putz, Blumenmotiven und Epigraphen, Majoliken, Arabeskenreliefs und kleinen Bögen. Das Minarett ist insgesamt 77 Meter hoch und 13 Meter breit. Die Außenmauer besitzt eine Dicke von 2,5 Metern. Der Turm besteht aus sechs übereinander gestellten Räumen, um die eine leicht ansteigende Treppe bis zum Rundgang führt. Die Kuppel krönen drei große vergoldete Kupferkugeln, von denen die größte einen Durchmesser von zwei Metern hat. Dieses Minarett charakterisiert den Horizont

Zwei Ansichten des Palais el-Badi; das großartige Monument wurde gegen Ende des 16. Jahrhunderts errichtet.

von Marrakesch wie der Eiffelturm in Paris.
Nicht weit von der Koutoubia entfernt befindet sich die **Place Djamaa el-Fna**. Der zwischen der Medina und der Koutoubia gelegene Platz gehört zu den Hauptsehenswürdigkeiten der Stadt. Er ist das pulsierende, stets belebte Zentrum des städtischen Lebens in seinen vielfältigen Aspekten. Den Höhepunkt der Betriebsamkeit erlebt der Platz am Spätnachmittag, wenn Märchenerzähler, Schlangebeschwörer, Tänzer, Akrobaten, Musikanten, Affendompteure, Zahnzieher sowie Schwert- und Feuerschlucker die neugierige Menschenmenge anlocken, die sich begeistert im Halbkreis aufstellt, um dem turbulenten Schauspiel zuzusehen. Der Platz wird von Läden, Cafés und Restaurants gesäumt, wo Waren aller Art feilgeboten werden und der Duft der Getränke und typischen Gerichte eine einmalige Atmosphäre und ein unbeschreiblich buntes Ambiente schaffen.
Von diesem bezaubernden Platz aus kann man das **Tor Bab Agnaou** erreichen. Auf dem Weg dorthin taucht neben der Koutoubia eine weißgetünchte Koubba auf, die das Grab des vielverehrten Gründers von Marrakesch, Youssef ibn-Tachfin, enthält. Das Tor Bab Agnaou zeichnet sich durch seine wunderschöne Dekoration aus.
Es gehört zu der Almohaden-Stadtmauer, die Sultan Abdalmumin im Jahr 1150 errichten ließ. Durch dieses Tor hatte man Zugang zu der von Yacoub al-Mansour erbauten Kasba. Die reiche und elegante Ornamentik machen dieses Monument zu einem der bezeichnendsten Beispiele der maghrebinischen Festungsbaukunst. Nach Durchschreiten des Tors sieht man rechts die Moschee der Kasba, nach ihrem Erbauer auch **el-Mansouria** genannt. Das zunächst von dem Sadidensultan Moulay Abdallah und später von dem Alawitensultan Sidi Mohammed ben Abdallah restaurierte Gebäude wird von einem Minarett überragt, das durch seine harmonischen Proportionen besticht.
Rechterhand der Moschee führt eine Gasse zum Eingangstor der **Sadidengräber**. Diese Nekropole geht auf das 15. Jahrhundert zurück. Der Sadidenfürst Mohammed Ech Cheik wurde hier 1557 beigesetzt. In späterer Zeit nahm Moulay Ahmed el-Mansour hier beachtliche Verschönerungsarbeiten vor. Der Alawitensultan Moulay Ismaïl ließ einen Mauerring errichten, der im Jahr 1917 den Zugang und auch die Sicht versperrte. Später gab man dieses herrliche Meisterwerk der muselmanischen Kunst zur Besichtigung frei. Zwei von einem Garten getrennte Mausoleen enthalten jeweils mehrere Säle. Das zentral-

Zwei Ansichten der 1190 erbauten Moschee Koutoubia mit dem berühmten Minarett, Wahrzeichen von Marrakesch.

gelegene zweite Mausoleum bewahrt das **Grab von Ahmed el-Mansour**. Daneben ruhen die Söhne und der Enkel zusammen mit anderen Familienmitgliedern. Im dritten Saal befindet sich das Grab von Lalla Messaouda, der Mutter des Sultans Ahmed el-Mansour. Der Komplex ist von unbeschreiblicher Schönheit. Die präzise, meisterliche Ausführung und die historische Prägung, die von diesem Ort ausgeht, lassen sich kaum in Worte fassen. Die hispano-maurische Architektur hat hier ein Höchstmaß an Perfektion erreicht.

Die Rue de Kasbah überquert den Méchouar intérieure und führt am **Agdal** (Gartenanlagen) vorbei zum Königlichen Palast. Dieser 3 km lange und 1,5 km breite Garten wurde bereits im 12. Jahrhundert angelegt. Hier wurden sämtliche Obstbaumarten angepflanzt, und der Olivenbaum gedeiht in diesem Gartenparadies besonders gut. Die Bewässerung erfolgt mit Hilfe von zwei Zisternen. Der Adgal-Garten wurde auf Wunsch des Sultans Moulay Abde-Rahman geschaffen, der ihn auch mit einer Ringmauer umgab. Moulay Hassar verstärkte das Mauerwerk und ließ einige Tore anfügen. Durch eines dieser Tore gelangt man zum **Palast El-Badi**. Der überwältigende Prunk und Glanz dieser Residenz des Sultans Ahmed el-Mansour wurden von den Historikern der damaligen Zeit gerühmt. Leider hielt das mit Marmor, Onyx und kostbaren Mosaiken geschmückte Gebäude dem Zerstörungswerk der Zeit nicht stand. Moulay Ismaïl verwendete einige Materialien und Fragmente für den Bau des Palastes in Meknes. Heute bildet die Palastruine den eindrucksvollen Rahmen für das Folklore-Festival in Marrakesch, das jedes Jahr Ende Mai beziehungsweise Anfang Juni stattindet.

Östlich von diesem Palast erstreckt sich die Mellah, die bis 1936 das größte Judenviertel in Marokko darstellte. Im Norden erhebt sich der **Palais de la Bahia**, das der Großwesir Ba Ahmed Ende 19. Jahrhundert errichten ließ. Es handelt sich um ein beachtenswertes Beispiel der Wohnarchitektur in Marokko. Das Gebäude, das ein ca. acht Hektar großes

Teilansicht des Inneren der Merdersa Ben Youssef, ein Werk aus dem 15. Jahrhundert.

Gelände einnimmt, besteht aus einer Reihe von Wohnungen, die sich um bepflanzte Innenhöfe gruppieren. Jedes Appartement weist elegante Dekorationen auf. Der Palast ist von wunderschönen Gärten umgeben.
Die Rue Riad Zitoun el-Djedid führt zu einer weiteren schönen Residenz des 19. Jahrhunderts, **Dar Si Said**, die vermutlich dem Bruder von Ba Ahmed gehörte. Derzeit ist das Palais Sitz des **Museums für Marokkanische Kunst**, das antike Teppiche aus dem Hohen Atlas, Keramik aus Safi, Waffen, Schmuck, Marmor- und Stuckarbeiten sowie eine Sammlung mit Holzintarsien aus der Sadidenzeit, restaurierte Wandverkleidungen und antike Baufragmente enthält.
Der Besuch der Altstadt und der Märkte kann an der nahegelegenen Place Djemaa el-Fna beginnen. Der Besucher ist sogleich überwältigt von dem turbulenten Treiben in der Medina. Das Viertel der Souks ist sowohl von der Rue des Potiers wie auch von der Rue des Epiciers erreichbar. Durch das rückwärtige Tor betritt man den Souk Semmarin, der von Stoffhändlern belegt ist. Daneben führt eine von Gewürzläden gesäumte Gasse zur Rahba Kedima, die lange Zeit ein wichtiger Getreide- und Sklavenmarkt war. Dieser Platz ist vom Wollmarkt und von einem Markt umgeben, auf dem Hammelfelle gehandelt werden. Daran schließen sich der Souk Zerbia und der Goldschmiedemarkt an. In unmittelbarer Nachbarschaft liegt die Kissaria oder Qissariah, wo man von modernen Artikeln bis zu Kunstgewerbe alles finden kann. An dieser Stelle verengt sich die Straße und führt zum Handwerkermarkt. Hier kann man Lederwaren- und Pantoffelherstellern, Sattlern, Holzfabrikanten, Seilern und Herstellern von Messinggeschirr bei der Arbeit zusehen. In der Nähe des Souk Ararines befindet sich der Färbermarkt. Die Besichtigung ist sehr interessant. Die soeben gefärbten Stränge werden zum Trocknen über lange Stangen gehängt, die quer über die Straße gespannt werden. Ein farbenprächtiger Anblick, der diesen Bummel zu einem Erlebnis werden läßt. Auf der abschüssigen Gasse gelangt man zur Moschee und zu einem Monumentalbrunnen, der Fontaine el-Mouassine. Über eine andere Straße erreicht man den Souk der Chouari und den Souk der Haddadin. In der Nähe steht die **Koubba Ba'Adiine** aus dem 12. Jahrhundert. Wunderschön die

gerippte Kuppel. Nahebei befindet sich die **Moschee Ben Youssef**, die keine wesentlichen Merkmale aus ihrer Gründungszeit unter den Almoraviden bewahrt. Im Verlauf der Restaurierungen blieb nichts von den Originalstrukturen erhalten. Das Minarett erreicht eine Höhe von 40 Metern und überragt die Moschee wie auch die benachbarte Koranschule. Diese **Medersa** ist eines der bemerkenswertesten Bauten der Medina von Marrakesch. Gegründet wurde sie von dem Merinidensultan Abou el-Hassan Mitte des 14. Jahrhunderts, wurde jedoch von dem Sadidensultan Moulay Abdallah völlig neu erbaut, wie die Inschriften auf dem Architrav des Portals und auf den Kapitellen des Betsaales besagen. Nachdem man einen langen Gang durchschritten hat, gelangt man in einen marmorgepflasterten großen Innenhof mit rechteckigem Becken. Der Eingang zum Betsaal wird von zwei elegant skulptierten Marmorplatten flankiert. Unter den Arkaden befindet sich ein marmorner Reinigungsbrunnen, der mit drei übereinander gestellten Blumenmotiven, geflügelten Vierfüßlern und Wappenadlern geschmückt ist. Der prächtige Betsaal ist mit einer doppelten Reihe Marmorsäulen, einem fein skulptierten Mihrab, einer Kuppel und winzigen Fenstern ausgestattet. Die Studentenzimmer im ersten Stock sind dem Hof zugewandt und bieten eine schöne Aussicht auf die Medina.

Von der Medersa kehrt man wieder zur Moschee Ben Youssef zurück. Von hier aus erreicht man über die Rue Baroudienne und die Rue Amesfah den Echrob ou Chouf (trinke und bewundere) genannten Brunnen, der mit einer holzgeschnitzten Fassade geschmückt ist. Die Rue de Bab Taghzout führt zur Moschee und Medersa Sidi Bel Abbes. Beide Gebäude entstanden 1605 auf Wunsch des Sadidensultans Abou Fares. Das angrenzende Mausoleum, das Moulay Ismaïl errichten ließ, ist ein vielbesuchtes Pilgerzentrum. Es bewahrt das **Grab von Sidi Bel Abbes**, der zur Regierungszeit von Yacoub el-Mansour in Marrakesch lebte und dessen Frömmigkeit und Weisheit vorbildlich waren. Man schreibt ihm außerdem Wunder zu, die seine Zeitgenossen beeindruckt hatten. Sidi Bel Abbes ist einer der sieben Schutzheiligen von Marrakesch, die von den Marokkanern verehrt werden: Sidi Youssef, Cadi Ayad, Sidi Bel Abbes, Sidi Ben Slimane, Sidi Abdelaziz, Sidi el-Ghezouani und Sidi Essoheyli.

Die Straße nach Djamaa al-Fna führt an der Zawija Sidi Ben Slimane el-Djazouli vorbei, einem anmutigen Bau aus der Zeit der Sadiden, der von mehreren religiösen Instituten umgeben ist. Im 18. Jahrhun-

Der «Méchouar intérieur» des Königspalastes.

Der Pavillon im Menara-Garten.

Das Hauptportal des Königspalastes. ►

dert restaurierte Sidi Mohammed Ben Abdellah den Komplex. In unmittelbarer Nähe erhebt sich die Moschee Bab Doukkala, die um 1557 für Lalla Messaouda, die Mutter des Sadidensultans Ahmed el-Mansour erbaut worden war. Wenig entfernt stößt man auf den **Brunnen Sidi el-Hassan** oder Ali. Er besteht aus einem 15 Meter langen und 5 Meter breiten Becken und wird von drei Kuppeln überragt.

Die Besichtigung des nördlichen Teils der Stadt mit den Souks, den Monumenten und zahlreichen Sehenswürdigkeiten endet am Djamaa al-Fna. Das bedeutet jedoch nicht, daß Marrakesch bereits all seinen Reichtum und verborgene Schönheiten offenbart hätte, im Gegenteil! Lohnenswert ist auch der Besuch des herrlichen **Menara-Gartens**, der einem Olivenhain gleicht. In dem ruhigen Wasser des zentralen Beckens (200×150 Meter) spiegelt sich ein Pavillon, dessen Pyramidendach mit grünen Kacheln gedeckt ist, ein Bau, der auf Sidi Mohammed ben Abd-er-Rahman zurückgeht und im 19. Jahrhundert restauriert wurde. Besuchenswert ist auch die **Neustadt Gueliz**, die sich nordwestlich der Medina ausdehnt. Dieser Stadtteil besticht durch seine modernen Gebäude, deren für Marrakesch typische Ockertöne das Farbbild der Altstadt aufgreifen. Ferner lohnt sich der Besuch des mitten im Palmenhain gelegenen Jardin Majorelle, den der Maler gleichen Namens anlegte und in dem zahlreiche exotische Pflanzenarten gedeihen. Der Palmenhain nimmt Tausende von Hektar Land ein und stellt eine echte Attraktion dieser Hauptstadt des südlichen Landesteils dar. Doch hält Marrakesch noch viele Sehenswürdigkeiten bereit, wie die wunderschönen Tore (Bab Erraha, Bab Doukkala, Bab el-Khemis, Bab Debbah, Bab Aylen, Bab Aghmat, Bab Ahmar, Bab Ighli, Bab Ksiba, Bab er-Robb, Bab Echcharia, Bab el-Djedid. Bab el-Makhzen, usw.), die Moscheen, die Zawijas, die Brunnen und die Souks.

Auch die Umgebung von Marrakesch bietet viel Sehenswertes: die Dörfer Tameslouth, Amizmiz, Asni und Imlil, der 4165 Meter hohe Berg Toubkal, das Ourika-Tal und der Wintersportort Oukaimeden.

Ein eindrucksvolles Bild der Wasserfälle von Ouzoud.

DIE OUZOUD-FÄLLE

150 km nordöstlich von Marrakesch liegen im Hohen Atlas die herrlichen Ouzoud-Fälle, mit 110 Metern die höchsten Wasserfälle Nordafrikas.
Naturfreunde und Touristen sind gleichermaßen beeindruckt von dieser Kaskade, die von jedem Aussichtspunkt aus einmalig ist.
Von unten gesehen bietet sich ein faszinierendes Naturschauspiel. Das Wasser, das seitlich herauszusprudeln scheint, läßt im Zusammenspiel mit der Vegetation der Felswand und den Sonnenstrahlen eine phantastische Farbsymphonie entstehen. Das Geräusch des tosend herabstürzenden Wassers verwandelt sich in eine Wassermusik, die mit großer Geschwindigkeit abläuft. Diese Musik wird noch verstärkt durch das Rauschen der Wildbäche, die sich überschneiden und in den gleichmäßigen Fluß des Wasserfalls münden. Das herabstürzende kristallklare Wasser sammelt sich zunächst in einem runden Becken und fließt dann in den Oued Ouzoud, dessen Quelle sich drei Kilometer flußaufwärts befindet. Dieser mündet dann in den Oued el-Abid, mit dessen rötlichem Wasser er sich vermischt.
Steigt man den Pfad an der Kaskade weiter hinauf, kann man die aufeinander folgenden beiden Ebenen erkennen, aus denen sich der Wasserfall zusammensetzt. Hier oben wachsen Olivenbäume und Tamarinden, und in der Ferne tauchen mächtige Berggipfel auf. Es sieht so aus, als ob in einen dieser Felsen ein menschliches Gesicht gemeißelt wäre, während eine Öffnung in der Mitte eines Felsabgrunds an mittelalterliche portugiesische Fenster erinnert.

AGADIR

Das 273 km südwestlich von Marrakesch gelegene Agadir ist eine der schönsten Städte des heutigen Marokko. Ihre Geschichte ist von ewigem Neubeginn gekennzeichnet: auf dem Höhepunkt des Glanzes bringt eine Naturkatastrophe oder eine politische Entscheidung die Wende und leitet den Niedergang ein.
Der Name der Stadt leitet sich aus der Berber- oder Indersprache her und bedeutet in der Region Sous und im Hohen Atlas soviel wie Festung, Lager, Silo, auch bewehrtes Wohnhaus oder sogar Bollwerk oder Kasba. Aus Gründen der Verteidigung und der Sicherheit befinden sich diese Gebäude gewöhnlich auf Anhöhen oder in schwer zugänglichen Lagen. Manchmal handelt es sich um Wohnhäuser oder Lagerhäuser, insbesondere für Erntevorräte wie Weizen und Öl, die häufig für Kriegszeiten gehortet wurden. Doch waren die Igoudar oft auch Handelsplätze und Rastplätze für Karowanen.
Seit frühester Zeit war Agadir Regionalhauptstadt der Südprovinzen des Atlasgebirges. Als Joao Lopez de Sequiera in Agadir einen primitiven Fischereihafen namens Santa Cruz anlegte, diente die Niederlassung hauptsächlich als Stützpunkt der portugiesischen Besetzung des Sous.
Die Bevölkerung erhob sich gegen die von den Fremden verübten Übergriffe. Nach einigen Jahren des Kampfes und Widerstands zogen sich die besiegten Portugiesen 1541 zurück. In diese Zeit fällt der Aufbau von Agadir. Die Stadt entwickelte sich damals zu einem florierenden Handelszentrum. Zuckerrohr, Felle und Gold aus dem Sudan wurden gegen europäische Produkte getauscht. Als die Alawitendynastie die Macht übernahm, begab sich Sul-

Panaroma von Agadir.

Fiduciaire du Sud und das Hotel de Ville, zwei moderne Gebäude.

tan Moulay Rachid nach Agadir und forderte die Bevölkerung auf, sich für den Fortschritt ihrer Stadt und ihrer Region einzusetzen. Mitte 18. Jahrhundert verwüstete ein Erdbeben einen Großteil der Stadt und warf alle Handelsunternehmungen zurück. Das Interesse, das Europa, insbesondere die Dänen und Holländer, an Agadir und seinem Hafen zeigten, in einem Augenblick, als in der Region immer mehr Gruppen gegen die Zentralmacht opponierten, drängten den Sultan Sidi Mohammed ben Abdallah zum Handeln. 1756 befreite er die Stadt, und einige Jahre später gründete er Essaouira mit einem Hafen, der Agadir großen Schaden zufügte. Im Hafen von Agadir erlahmte praktisch jede Tätigkeit, während die Karawanen aus der Sahara bis nach Marrakesch vorstießen, um Proviant zu kaufen und ihre Waren abzusetzen. Erst allmählich erlangte Agadir seine ehemalige Handelsposition zurück. Unter der Regierung von Moulay Slimane nahm die Stadt einen erheblichen Aufschwung. Dieser Sultan, wie auch Moulay Hassan, haben sich erfolgreich um den Wiederaufbau von Agadir bemüht.
1913 unternahm die französiche Militärmarine einen Angriff auf die Stadt, indem sie sie besetzte und in ein strategisch wichtiges Bollwerk verwandelte. Von hier aus unternahm sie dann die Unterwerfung und Befriedung der gesamten Region. Über zehn Jahre lang war die Wirtschaft blockiert und der Hafen geriet in Vergessenheit. Ende der zwanziger Jahre setzte ein langsamer wirtschaftlicher Aufstieg ein, doch erst in den vierziger Jahren flossen in Agadir erneut Kapital und Investitionen ein, von denen die gesamte Region Sous profitierte. In der Landwirtschaft wurde das Prinzip der Wechselkulturen eingeführt, das Fischereiwesen, die Konservenindustrie und weiterverarbeitenden Betriebe entwickelten sich.
Nachdem Agadir seine Unabhängigkeit wiedererlangt hatte, prüfte und nutzte es alle Möglichkeiten, um sich auszudehnen. Die Stadt wurde wieder zum wichtigsten Handelspol Südmarokkos. Auf der anderen Seite war Agadir aufgrund seiner geographischen Lage am Schnittpunkt zwischen Nord, Süd und West wie geschaffen, um eine solche Rolle zu übernehmen. Darüber hinaus trug gerade diese Stadt wesentlich dazu bei, um die umliegenden Regionen aus ihrer Isolierung zu holen. Im Hafen werden einheimische Produkte (Mineralien, Obst, Gemüse, Fisch) abgesetzt und die für den regionalen Bedarf notwendigen Güter eingeführt.

Am 29. Februar 1960 wurde Agadir durch ein heftiges Erdbeben, bei dem 15.000 Menschen ums Leben kamen, zu 80% zerstört. In der Stadt war jedes Leben erstorben. Am Tag nach der Katastrophe nahmen die Marokkaner, ermutigt durch die Stimme des Sultans Mohammed V. und der Herausforderung der Natur zum Trotz, den Wiederaufbau in Angriff. Der Souverän verkündete, daß die Zerstörung Agadirs vom Schicksal bestimmt war. Die ganze Nation trauerte, und er fügte einen Satz hinzu, der später berühmt wurde: «Der Wiederaufbau von Agadir soll ein Werk unseres Willens und unseres Glaubens sein». Dieser Satz, der heute durch Tatsachen dokumentiert ist, steht auch auf einer Betonmauer, die zur Erinnerung an das vom König und seinem Volk eingegangene Versprechen errichtet wurde. Der damalige Erbprinz und heutige König von Marokko, Hassan II., hatte sich aktiv an dem Wiederaufbau von Agadir beteiligt und hatte in seinem Buch **Le Défi** (S. 131) geschrieben: «Das Gelübde unseres Vaters wurde eingelöst. Obgleich es ihm nicht vergönnt war, das neue Agadir mit eigenen Augen zu schauen, so schwebt doch sein Geist über dieser Stadt, die, wie das Ausland sagt, eine bewundernswürdige architektonische Einheit darstellt... Die Solidarität einer Nation machte aus Agadir eine blühende Stadt... Für uns ist sie heute Symbol für die Wiedergeburt Marokkos und die Treue des Volkes. Tod und Unglück haben grausam gewütet, und demütig können wir sagen, daß sie gottseidank überwunden sind.» So entstand das neue Agadir wieder an der Straße, die über Tiznit, Sidi Ifni, Goulmime und Tarfaya nach Süden abfällt, bis zu den weiten Horizonten der wiedergefundenen Heimat.

Tatsächlich wurde Agadier nach dem Wiederaufbau schöner, aktiver und dynamischer, und damit auch bedeutender als zuvor. Die Fremdenverkehrseinrichtungen und die Rolle der Stadt im Angelpunkt zwischen Nord und Süd (einschließlich der wiedererlangten Sahara-Provinzen) wurden erheblich ausgebaut.

Agadir besitzt gegenwärtig den größten Fischereihafen des Königreichs. Er beschäftigt zahlreiche Arbeitskräfte und fördert den Aufbau der Konservenindustrie und weiterverarbeitenden Betriebe. Das Handwerk floriert, und die Landwirtschaft in der Sous-Ebene wurde rationalisiert. Das milde Winterklima ist ein günstiger Faktor für den Anbau von Frühgemüse und Zitrusfrüchten, aber auch von Wein, Aprikosen und Pflaumen. Der Tourismus nimmt rapide zu. Agadir ist inzwischen das erste

Ein typisches Beispiel moderner Architektur an der Avenue du Prince Moulay Abdallah.

Zwei Küstenansichten mit Badeanstalten. ►

Reiseziel im ganzen Land. 23% aller Touristen, die Marokko bereisen, halten sich in Agadir auf, nicht zuletzt wegen der kilometerlangen wunderschönen Strände. Rund um das Jahr hat Agadir bei strahlender Sonne ein gemäßigtes Klima. Der Ozean mit seinem warmen, klaren Wasser lockt ebenfalls viele Besucher an. An der ganzen Atlantikküste von Agadir reihen sich Luxushotels aneinander, die Erholung, Unterhaltung und Sport anbieten.
Die Stadt besitzt zahlreiche Sehenswürdigkeiten. Die Straßen mit den in tausend Farben schillernden, zum Verkauf ausgestellten Waren gleichen einer bunten Palette. Klassisches und Modernes vermischen sich hier zu einer perfekten Symbiose: Architektur, Brauchtum, Musik, Sprachen...
Neben repräsentativen Bauten aus der Zeit des Wiederaufbaus (Post, Rathaus, Gericht) ist die Kasba erwähnenswert, deren Mauern die Zeit zu überdauern scheinen und dem Namen der Stadt alle Ehre machen. Agadir blickt auf das grüne Tal, das mächtige Bergmassiv des Hohen Atlas und das unendliche Blau des Atlantischen Ozeans.
Außerhalb der Stadt und in der Umgebung tragen zahlreiche Orte von historischem und naturkundlichen Interesse dazu bei, daß immer mehr Touristen nach Agadir kommen, das sich hervorragend als Ausgangspunkt für Exkursionen eignet. Jenseits des Sous-Tals kann man die der Wüste vorgelagerte Region Goulmime, die Kaiserstadt Taroudant, sowie die legendären Städte Tafrout und Tiznit besuchen. Auf den Märkten, die in diesen Orten regelmäßig abgehalten werden, hat man Gelegenheit, Sensationelles zu entdecken. Das Kunstgewerbe ist reich an Kreativiät und Originalität. Schmuck, Waffen und Teppiche gehen aus einer uralten traditionellen Kunst hervor. In **Goulimine**, einem größeren Handelszentrum am Rand der Wüste, sollte man auf keinen Fall den Kamelmarkt versäumen, der jeden Samstag abgehalten wird. Hier begegnet man den «blauen Männern», Nomaden aus der Sahara, deren blaue Gewänder auf die Haut abfärben. Sie kommen seit Urzeiten hierher. Ihre Frauen sind wegen der sogenannten «Guêdra» oder des Topftanzes in der ganzen Welt berühmt. Die Aufführungen dieses uralten Tanzes, bei dem die weibliche Grazie besonders zum Ausdruck kommt, lockt bei dem nationalen Folklore-Festival in Marrakesch im Mai oder bei der im Juli in Agadir stattfindenden Veran-

Zwei Ansichten des Hafens von Agadir mit Fischernetzen.

staltung afrikanischer Volkskünste jedesmal begeisterte Menschenmengen an. Die kniende Tänzerin vollführt den Tanz im Rhythmus einer großen Trommel, wobei ihre Mimik tiefes Gefühl verrät. Auf dem Gebiet der Volkskünste verfügt Agadir außer der «Guêdra» noch über weitere künstlerische Ausdrucksformen (Erzählungen, Organisation von Festen und Moussems, Tanz und Musik), die miteinander wetteifern und ihren ursprünglichen Charakter bewahren. Der Sous ist das Reich der Rouai. Jeder Stamm besitzt traditionsgemäß einen Rais, der zugleich Dichter, Komponist, Musiker, Sänger und Chef seiner Truppe ist. Ihre Lieder liefern wertvolle Hinweise über die Geschichte und das Alltagsleben jener Stämme. Der Sous ist außerdem bekannt für die *Ahwach-Tänze*. Es handelt sich um verschiedenartige Tänze, die jeweils andere Formen annehmen. Alle beginnen sie jedoch mit einem einfachen Lied, das der Chef der Truppe auf einem hohen Ton anstimmt. Später setzt die Trommel ein, die den mit äußerster Präzision vollführten Tanz ankündigt.

Die Blaue Quelle und die Mauern von Tiznit.

TIZNIT

Der Name dieser Stadt ruft eine Legende wach, nach der sie von einer Frau, Fatma Tiznit, gegründet wurde. Einige halten sie für eine Vorstreiterin der Frauenbewegung, andere für eine Sünderin, die, von der Familie zur Verzweiflung getrieben, mit ihrem Geliebten flieht und sich nahe einer Quelle niederläßt, die noch heute den Namen der Stadt trägt. Zum Schluß kehrt Fatma Tiznit reumütig zurück und beschließt, ein frommes und vorbildliches Leben zu führen. Um sie scharen sich zahlreiche Anhänger. Nach ihrem Tode errichtet man ihr zu Ehren ein Mausoleum, um das sich die Stadt Tiznit entwickelt. Das war vor mehr als fünfzehn Jahrhunderten.

Die historischen Quellen legen den Ursprung der Stadt in eine viel jüngere Zeit. Der Alawitensultan Moulay el-Hassan ließ die Stadt unter seiner Kontrolle für Militärkzwecke wiederaufbauen. Dies erklärt die Existenz der mächtigen Festung aus Stampferde rund um die Stadt, deren Bastionen bis zu den Palmenhainen und Gärten reichten.

Heute ist Tiznit ein herrlicher Touristenort. Den Besucher überkommt ein Gefühl der Benommenheit. An Markttagen kann man hier den wunderschönen Schmuck aus massivem Silber bewundern, der diese ganze Gegend berühmt gemacht hat, insbesondere die kostbaren Schnallen aus Tiznit, von denen ein antikes Exemplar im Dar Djamai-Museum in Meknes ausgestellt ist.

Es handelt sich um ein wahres Meisterwerk aus Silber mit eingelegten Steinen und Niello-Arbeit, das sich durch die ausgewogene Komposition der Linien, geometrischen Formen und Farben auszeichnet.

Zwei Panorama-Aufnahmen von Tafraoute mit dem Berg Ouarzemimene.

TAFRAOUTE

Tafraoute liegt 198 km von Agadir entfernt und ist über Tiznit zu erreichen. Die Stadt ist bekannt wegen ihrer zauberhaften Landschaft, den Fleiß seiner Bewohner und die wunderschönen Orte in der Umgebung.
Tafraoute ist ein wahres Paradies. Es liegt mitten in einem malerischen Tal des Hohen Atlas und ist von einem Gebirgskranz aus rosa Granit umgeben. Die Häuser in Kubusform sind reihenweise aneinandergebaut und scheinen zuweilen aus dem gewachsenen Fels herausgebrochen zu sein. Die durch Palmenhaine aufgelockerte Landschaft verleiht dem Ort seinen unbeschreiblichen Zauber. In der zweiten Februarhälfte ist die Farbenpracht einzigartig, wenn das Landschaftsbild durch die zarten Töne der Mandelbaumblüte abgerundet wird. Aber auch andere Bäume und Anpflanzungen wie Olivenbäume, Orangen- und Zitronenhaine, Feigenbäume, Gerste, Mais und Gemüse tragen dazu bei, diese phantastische Wirkung noch zu erhöhen.
Doch liegt der Haupterwerb der Ammeln, die das bezaubernde Tal von Tafraoute bevölkern, nicht nur in der Landwirtschaft. Spärliche und unregelmäßige Niederschläge und ein armer Boden sind keine sicheren Voraussetzungen für gute Ernten, so daß die Talbewohner häufig auswandern müssen. Die Männer verlassen meist ihre Heimat für einige Jahre, um anderswo in Marokko, manchmal auch im Ausland, Arbeit zu suchen, und kehren dann mit ihren Ersparnissen zurück. Ihr Handelsgeschick ist sprichwörtlich, und so sind die Ammeln in fast jeder marokkanischen Stadt anzutreffen. Ihre Drogerien und Kaufläden sind eine Welt für sich. Die Unterhaltungskosten und das Lebensnotwendige werden auf ein Minimum reduziert. Die Ammeln arbeiten die ganze Woche, und ihre gut sortierten Lebensmittel-

Die pittoresken Häuser von Tafraoute.

geschäfte sind vom frühen Morgen bis spät abends geöffnet. Wenn ein Ladeninhaber nach Hause fahren muß oder möchte, läßt er sich durch einen Bruder oder sonstigen Verwandten vertreten und gibt diesem zugleich die Möglichkeit, seine Fähigkeiten unter Beweis zu stellen und seinerseits ein eigenes Geschäft aufzumachen. Diese Tradition wirkte sich sehr positiv auf Tafraoute aus. Die Einnahmen aus dem Handelsgeschäft sind in erster Linie eine Investitionsquelle. Daraus wieder gehen zahllose lokale Aktivitäten hervor, die, ebenso wie der Tourismus, den stetigen Fortschritt dieses schönen Landstrichs garantieren.
In unmittelbarer Nachbarschaft von Tafraoute liegt das malerische **Bergdorf Agard Oudarot**, das sich an einen kurios geformten, kegelförmigen Fels klammert – die Einwohner nennen ihn «Finger». Linkerhand führt die Straße nach Igherm über die Höhen dieser Gebirgszone und überquert den Paa Tizi Mlil in 1650 m Höhe, unterhalb des **Dorfes Idikel**. Einige Kilometer entfernt verläuft eine weitere Straße über Ait Baha und Ait Biougra nach Ait Melloul. Auf der Weiterfahrt kommt man zunächst in das Verwaltungszentrum Bait Abdellah und dann nach Azoura, wo man die bizarr geformten Felsen Idaou Zekri bewundern kann. Auf einem Bergkamm erhebt sich eine Berberfestung. Fährt man weiter in Richtung Taroudant, kommt man in das tiefer gelegene Dorf Igherm. Es handelt sich um einen befestigten Ort, der vom Stamm der Ida Oukansous bewohnt ist. Dieses Volk ist bekannt für sein hervorragendes Kunsthandwerk, in erster Linie ziselierte Silberdolche, mit Einlegearbeiten geschmückte Gewehre, Pulverhörner und Vasen. Auf der gleichen Straße erreicht man Souk es-Sebt des Indouzal, die Ruinen der Kasba Freija und Tiout, das links mit einer Dorfgruppe, einer Kasba und einem Palmenhain auftaucht.
Die Straße von Tafraoute nach Ait Baha bietet eine herrliche Aussicht auf das Tal der Ammeln mit den Dörfern, die sich an die Hänge des Monte Lkest (2370 m) schmiegen. Bis Taguenza ist die Landschaft zauberhaft. Olivenhaine und Mandelbaumplantagen machen den Reiz dieser malerischen Gegend aus.
In entgegengesetzter Richtung führt die Straße an dem von Gärten umgebenen Dorf Oumensat vorbei. Hier hat man einen wunderschönen Blick auf die umlie-

Ein typisches Bergdorf.

genden Berge. Die Straße geht weiter nach Agadir.
Von dieser schönen und betriebsamen Stadt empfiehlt sich die Weiterfahrt nach Tiznit und von dort nach Tafraoute. Die Straße hat eine bessere Fahrbahn und streift darüber hinaus interessante Sehenswürdigkeiten. Südlich von Tiznit durchquert die Straße Assaka, steigt dann die ersten bewaldeten Ausläufer des Anti-Atlas hinauf und folgt dem Tal des Oued Tazeroualt. Hier breitet sich das von Südwesten nach Nordosten verlaufende zauberhafte Bergland des Anti-Atlas aus, dessen höchste Spitze der Aklim (2331 m) ist. Die Straße läuft auf die Bergkette des Hohen Atlas zu und durchquert den mächtigen Vulkan Sirouo (3304 m). In der Mitte tauchen durch Erosion ausgewaschene Granit- und Schieferfelsen auf. Ein dichtes Netz von Flüssen, die die meiste Zeit im Jahr trocken sind, zieht sich durch diesen morphologischen Komplex und ließ in dem Kalkgestein tiefe Schluchten entstehen.
Rechts von der Straße führt nach 4 km eine Abzweigung in das **Dorf Iligh**. Der ehemalige Hauptort des Tazeroualt war einst ein politisch und kulturell bedeutendes Handelszentrum von Marokko. Vom 16. bis 19. Jahrhundert lösten sich die Nachfahren von Sisi Ahmed ou Moussa von der Zentralmacht und gründeten ein kleines unabhängiges Reich (die Residenz der Marabouts kann man besichtigen). Von dieser 1623 errichteten Hauptstadt sind nur einige Koubbas erhalten, in denen die Gründer der Dynastie beigesetzt sind.
Wieder auf der Hauptstraße, erblickt man den Kerdousche-Paß, der in 1100 m Höhe über eine Bergkette führt. Danach durchfährt man die in unmittelbarer Nachbarschaft gelegenen Dörfer Tizourhan, Arba N'Trafout und Affecha Wadaq. Letzeres ist bekannt wegen seiner schön dekorierten Häuser.

Die Stadtmauer von Taroudant aus dem 13. Jahrhundert.

TAROUDANT

Das in dem freundlichen Sous-Tal gelegene Taroudant gleicht einem herrlichen, riesigen Garten. Die ganze Stadt liegt innerhalb der kilometerlangen Mauer, die an einigen Stellen über sechs Meter hoch ist. Rings um die Stadtmauer erstrecken sich Oliven- und Orangenhaine und Bananenplantagen.

Die Stadt ist uralten Ursprungs und wird bereits im Jahr 1030 urkundlich erwähnt. Damals war sie Hauptstadt eines unabhängigen Prinzipats, das von den Almoraviden erobert wurde und unter dieser Dynastie weiter florierte, bevor es sich den Meriniden unterwarf. Nach mehreren Jahren Autonomie wurde Taroudant wichtiger Stützpunkt gegen die Portugiesen, die sich in Agadir niedergelassen hatten. Zur Zeit des Sultans Mohammed Ech Cheikh war sie Hauptstadt des Sadidenreiches. Unter dieser Dynastie erlebte die Stadt von 1530 bis 1541 eine Zeit der Blüte und wurde Hauptstadt des Sous. 1687 wurde sie von Sultan Moulay Ismaïl überrollt. Der anschließende Verfall von Agadir und die Stillegung des Hafens ließen die Bedeutung von Taroudant völlig schwinden.

Heute stellt die Stadt eine Rast auf den nach Südwesten führenden Straßen dar. Trotz seiner neuen Rolle als Landwirtschaftszentrum konnte Taroudant sein von Jahrhunderten geprägtes Aussehen bewahren, und die Schönheit der Umgebung blieb unangetastet.

Auf den vielbesuchten Marktplätzen von Taroudant herrscht ein buntes Treiben. Man findet dort ziselierten Silberschmuck mit eingelegten Steinen, Dolche, Teppiche, Hammelfelle, Datteln aus den nahegelegenen Oasen und ein exquisites Orangenblütenparfum.

Die Umgebung von Taroudant gleicht einer mitten im Sous-Tal gelegenen riesigen Oase. Außerhalb der Stadtmauer erstrecken sich zahllose Gärten mit Bäumen, deren dichtes Laubwerk kaum Einblick gewährt. Ein Stück weiter liegt eine Ebene, in der noch einige Exemplare des Argania-Baumes anzutreffen sind. Am Fuß der Berge kennzeichnen unzählige Oasen die Talausgänge. Die größte ist die **Tiout-Oase** südöstlich von Taroudant. Die üppige Vegetation steht in krassem Gegensatz zur umliegenden

Stadteingang von Taroudant und eine kunstvoll verzierte Tür des Hotels Salam.

Wüste. Oberhalb einer die Oase überragenden Kasba sprudelt aus einer Quelle reichlich Wasser, das für die Bewässerung des Palmenhains verwendet wird. An der Straße nach Marrakesch kommt man am Tizi n'Test vorbei. Von seinem 2100 m hohen Gipfel genießt man eine überwältigende Aussicht auf eine geradezu irreale Umgebung. Dann fällt die Straße allmählich ab und durchquert diese schöne Landschaft bis zur **Kasba Tagoundaft**, die sich wie ein Adlernest an einen Berg klammert. Neben dieser 1860 erbauten Festung kann man an der Straße, die in das Tal des Oued Nafid führt, die berühmten Ruinen von **Tinmelt** besichtigen. Diese antike Stadt wurde von Ibn Toumert im 11. Jahrhundert erbaut, einige Jahre bevor die Almohadendynastie an die Macht kam. Nur Mauerreste und einige gut erhaltene Arkaden der ältesten Moschee in Marokko haben die Unbilden der Zeit, und, einer Legende nach, die Launen der Frauen überdauert. Dieser Sakralbau diente mit Sicherheit als Vorbild für die Koutoubia in Marrakesch, die vermutlich der Nachfolger von Ibn Toumert rekonstruieren ließ.

Teilansicht der Kasba von Taliouine.

TALIOUINE

Taliouine liegt in 930 m Höhe an der Straße von Agadir nach Ouarzazate, siebzig Kilometer von Taroudant entfernt. Es ist umgeben von einer Mandelplantage und wird von einem Berg überragt, auf dem malerische Ruinen liegen. Der Ort besitzt eine wunderschöne Kasba.
Nachdem man Taroudant hinter sich gelassen hat. kommt man vor Taliouine in das Dorf Aoulouz. Die Furt am Oued Sous ist je nach Jahreszeit benutzbar. Von Aoulouz aus kann man über den Tizi n'Melloul-Paß in 2506 m Höhe auf der Linie der Wasserscheide des Djbel Siroua den Ort Ansel erreichen. Entlang der Piste trifft man auf die Nachfahren des Ouzguita-Stammes, die für ihre Teppiche, die sogenannten *Hanbel*, Stoffe und den Burnus, einen typisch einheimischen Kapuzenmantel, bekannt sind.
Die Straße nach Taliouine führt an Agadir Touksous vorbei und windet sich die bewaldeten Hänge hinauf bis zu einem Paß in 1050 Meter Höhe, von dem man einen herrlichen Blick auf das Tal des Oued Sous hat.
Hinter Taliouine führt die Straße zum Tizi n'Tagha-

tin-Paß (1886 m) auf der Linie der Wasserscheide zwischen dem Sous-Tal und dem Dra-Tal. In dieser Berglandschaft lebt der Stamm der Sektana. Kurz hinter dem Tizi Irhsane-Paß (1650 m) erreicht man das Dorf Tasenakht. Die lokale Handwerkerinnung stellt Manufakturen aus, die wegen ihres reichen Schmucks, der harmonischen Kreationen und der feinen Verarbeitung berühmt geworden sind. Auf der gleichen Straße kommt man zu dem 1700 m hoch gelegenen Tizi n'Bachkoum-Paß, wo man eine herrliche Aussicht auf den Djebel Siroua und den Anti-Atlas genießt, bevor man nach Ouarzazate weiterfährt.

OUARZAZATE

Ouarzazate, Knotenpunkt der Straßen des Dades, Dra, Sous und von Marrakesch, entwickelte sich zu einem der renommiertesten Touristenorte Marokkos.
Die 1928 als Militärstation gegründete Stadt war anschließend Verwaltungszentrum des Dra-Gebiets und stieg später zum Rang des Hauptortes einer wunderschönen großen Provinz auf, die auf eine reiche historische Tradition zurückblickt.
Die Stadt im eigentlichen Sinn lockt viele Besucher an wegen ihres Handwerkszentrums, das für berberische Töpferwaren und insbesondere für Ouzguita-Teppiche bekannt ist.
Wenige Kilometer von Ouarzazate entfernt, an der Straße nach Marrakesch, erhebt sich an der Straße nach Marrakesch in 1160 Meter Höhe die in ockerfarbener Stampferde erbaute **Kasba von Tiffoultoute**. In der Vergangenheit stellten ihre Bewohner eine drohende Gefahr für Makhzen, Ouarzazate und die umliegenden Gebiete dar. Heute ist die Kasba ein attraktiver Touristenort, der ein wunderschönes Panorama des Ouarzazate-Tals bietet.
Ein weiteres interessantes Monument ist die dicht bei Ouarzazate gelegene **Kasba von Taourirt**, die man über die Straße von Boumalne und Dades erreicht.
Die in Stampferde erbaute Kasba und ehemalige Residenz des Paschas von Marrakesch erfordert heute dringende Restaurierungsarbeiten. Die Gebäude, aus denen sich der Komplex zusammensetzt, hatten in erster Linie Militärfunktion. Sie bilden eine befestigte Stadt, durch die sich zahllose Gassen ziehen. Von der Terrasse der Kasba schweift der Blick über die Berge, den durch den Deich Mansour ed-Dahbi gebildeten See, die Oasen und das zauberhafte Dra-Tal.

Eindrucksvoller Blick auf die Kasba von Ouarzazate.

Zwei Panoramen des bezaubernden Dra-Tals mit seinen Palmenhainen und kleinen Berberdörfern.

DAS DRA-TAL

Der Oberlauf des Dra fließt von Nordwesten nach Süden und trennt den Anti-Atlas vom Djebel Sargho. Der Fluß hat mächtige Schluchten in die Felsen gegraben, die in einem herrlichen Tal auslaufen. Dieses Tal erstreckt sich von Ouarzazate bis M'Hamid. Der extrem trockene Boden absorbiert einen Teil des Wassers, das dann in den Atlantischen Ozean fließt.

Der Dra speist zahlreiche Oasen und fließt durch das zauberhafte gleichnamige Tal, das etwa 200 km lang ist. Im Schatten von Palmen, Feigen- und Granatapfelbäumen gedeihen prächtige Kulturen, die der Landschaft eine farbige Note verleihen. Hier und da trifft man im Tal auf Lehmbauten, sogenannte Ksour, sowie auf einige mehr oder weniger große Dörfer.

42 km von Ouarzazate entfernt, am Fuß der schwarzen Felsen des Djebel Tiffermine, liegt das **Dorf Ait Saoun**, umgeben von Mandelplantagen, die sich von dem für dieses Gebiet charakteristischen, hellen Boden abheben. Die Mäander des Flusses Dra ziehen sich durch das Stufenland. Bevor man Addz erreicht, kann man die Wasserfälle am oberen Lauf des Dra und den großen Palmenhain am Flußufer besichtigen. Die Oase ist nicht nur mit Palmen bewachsen, sondern auch mit Obstbäumen, Oleander und Weizenfeldern. Die verschiedenen Kulturen und Farbkontraste lassen ein wunderschönes Landschaftsbild entstehen.

Agdz ist das Verwaltungszentrum der Oase Mezguita, eine der fünf Oasen im Dra-Tal. Das Dorf entstand am rechten Flußufer an der Straße Nr. 31, die Marrakesch mit Zagora verbindet, etwa 65 km südöstlich von Ouarzazate. Das am Fuß des Djebel Kissane gelegene Agdz entwickelte sich sehr langsam und besitzt noch heute rot verputzte Häuser, so daß der Ort trotz der administrativen, sozialen und wirtschaftlichen Strukturen einen ausgeprägten

Auf diesen Seiten einige der unzähligen Festungen, die man im Dra-Tal bewundern kann.

ländlichen Eindruck macht. Gegenüber, auf einer kleinen Anhöhe auf dem anderen Dra-Ufer, erhebt sich die **Kasba von Tamoungalt**, der ehemaligen Hauptstadt des Mezguita-Gebietes. Diese Kasba ist einzigartig wegen ihrer Dekoration und der Anordnung der Gebäude im Innern. An den Hängen des Djebel Kissane liegen etliche Ksour auf dem grünen Streifen, der sich entlang den Flußschleifen gebildet hat. Auf dieser Strecke trifft man auf zwei Siedlungen, deren moderner Charakter in krassem Gegensatz steht zu der traditionellen Architektur von Agdz. Die erste heißt Tinsikht und ist von den Palmenhainen des Mezguita-Gebiets und von Tinzouline umgeben, die zweite namens Rbat Tinzouline ist bekannt wegen eines Ksar und des belebten Mittwochmarktes. Anschließend überqueren Straße und Fluß die Azlag-Schlucht und führen weiter in das nahegelegene **Zagora**.
Es handelt sich um das wichtigste Verwaltungszentrum des Dra-Tals, dessen Gründung vermutlich auf das 11. Jahrhundert zurückgeht. Am Fuß des Djebel Zagora liegen die Ruinen einer Almoravidenfestung. Immerhin lassen im Dra-Tal verstreute Steinansammlungen, sog. «Tumuli», darauf schließen, daß dieses Gebiet bereits vor der Almoravidenherrschaft besiedelt war.
In der Folgezeit spielte die Stadt eine bedeutende Rolle in der Geschichte Marokkos. Vom politischen Standpunkt aus ist das Gebiet von Zagora die Wiege der Sadidendynastie. Auf wirtschaftlicher Ebene stellte die Stadt in der Vergangenheit einen wichtigen Handelsknotenpunkt an der Straße nach Timbuktu dar.
Heute ist Zagora ein bekanntes Touristenziel. Vom Djebel Zagora genießt man ein herrliches Panorama, das den Palmenhain, die Wüste, die sich ringsum erstreckt, gleichsam als wollte sie die Stadt verschlingen, und die einsame Bergmasse des Djebel Sargho umfaßt.
In der Nähe liegt das **Dorf Tamgrout**, ein antikes religiöses Zentrum, das einst von großer Bedeutung war. Hier befindet sich die Zawija der Nassiriyin, deren Einfluß bis in das Dra-Tal, zum Oued Dades, zum Sous und Anti-Atlas reichte. Noch heute kann man die im 17. Jahrhundert von Abou Abdallah Mohammed Bennacer eingerichtete reichhaltige *Bibliothek* bewundern, die wertvolle Manuskripte enthält, insbesondere Korane mit Miniaturmalereien auf Gazellenhaut, von denen der älteste auf das 13. Jahrhundert zurückgeht.
Eine bezaubernde Straße nimmt in Zagora ihren Ausgang und durchquert die Oasen Ktaoua, Tagou-

nit und M'Hamid. Hier beschreibt der Dra eine Kurve, und nach Durchfließen der letzten Oasen verliert sich das Wasser in der Wüste, wo es sich einen Weg zum Atlantik sucht. Hier beginnt eine ausgedehnte Hochebene mit trockenem Wüstenboden, dessen Vegetation das Ende des Dra-Tals anzeigt.
In diesem Tal ist der Fluß der Hauptverkehrsweg, der für das Leben und die Entwicklung der gesamten Gegend von vitaler Bedeutung ist. Aufgrund des trockenen Klimas kann nur in den Oasen Landwirtschaft betrieben werden. Die Öffnung nach Süden und die Bergkette des Hohen Atlas lassen die feuchten Nordwinde nicht vordringen, so daß das Tal nur den heißen Südwinden ausgesetzt ist. Folglich gibt es hier sehr wenig Niederschläge, während die Hitze extrem hohe Werte erreicht.
Die Talbevölkerung ist gemischt. Ursprünglich setzte sie sich aus Haratin und Juden zusammen. Nach der Eroberung ließen sich hier arabische Stämme nieder. Die unterschiedlichen Traditionen und die vielfältigen Aspekte zeugen noch heute von den verschiedenen Ursprüngen der Bevölkerung. Aber auch die historischen Ereignisse, die sich in der Region abgespielt haben, haben die Orte, unabhängig von der Herkunft und Religion der Bewohner, im Laufe der Zeit stark mitgeprägt. Dennoch konnten die einzelnen ethnischen Gruppen ihre Eigenart und Traditionen bewahren.
Die Landwirtschaft im Tal ist sehr eigenartig und greift uralte, zum Teil äußerst komplizierte Techniken auf. Die Bewässerung erfolgt über einen Nebenfluß des Oued, der in sog. «Seguia» geleitet und bis an die oft winzigen, mit Lehmmauern umschlossenen Gärten herangeführt wird. Die sporadischen Brunnen der Region werden noch nach antiken Methoden genutzt.
Die Felder werden mit der Hacke bestellt. Angebaut wird, je nach Jahreszeit, fast alles, vorwiegend jedoch Getreide und Hülsenfrüchte. Jede Oase erntet zweimal im Jahr Getreide, im Herbst (Weizen oder Gerste) und im Frühjahr (Mais). Daneben gibt es Obstplantagen und Palmenhaine.
Viehzucht und Kunstgewerbe sind Nebenerwerbszweige für die Talbevölkerung.
Dieser Lebensstil ist zahlreichen Veränderungen ausgesetzt. Der Bau des Deiches El-Mansour Eddahbi am Dra führte zu einem radikalen Umdenken, was die traditionellen Methoden der Bewässerung und Landbestellung anbetrifft. Auch die Bodenordnung bedarf einer dringenden Neudefinierung, andernfalls besteht Gefahr, daß die Entwicklung des Tals erheblich beeinträchtigt wird. Das würde bedeuten, daß die Bevölkerung gezwungen wäre, auszuwandern oder sich massenweise in den im Tal verstreuten Dörfern niederzulassen.

◀ *Eine Burganlage im Dra-Tal.*

Die malerische Landschaft des Dades-Tals.

DAS TAL DES OUED DADES

Das Tal des Oued Dades nimmt das gesamte Gebiet ein, das den Hohen Atlas von den Sargho-Bergen und dem Ougnate trennt. Es verläuft am Südrand des Hohen Atlas, dessen Gipfel zum Teil über viertausend Meter hoch und bis weit in den Juni hinein verschneit sind. Dieses Tal liegt zwischen der unmittelbaren Umgebung von Ouarzazate und Boumalne du Dades.

Durch das Tal fließt der Oued Dades, der in dem Bergmassiv Mgoun entspringt und der so viel Wasser führt, daß das umliegende Land das ganze Jahr über bewässert werden kann. Das Vorhandensein von Wasser und der fruchtbare Boden haben schon früh Völker angelockt. Vermutlich ließen sich die Haratin hier bereits in neolithischer Zeit nieder. Um das 18. Jahrhundert begünstigte die Zawija-Gründung des Sidi ben Nadji in der Skoura-Ebene den Bau von Festungsanlagen, deren Zahl aus Verteidigungsgründen ständig zunahm, und die schließlich den Haupttypus der Wohnbauten im Tal darstellten.

Die Bevölkerung, Nachfahren zahlreicher ethnischer Gruppen, hat sich inzwischen vermischt und brachte die sogenannten Ahl Dades hervor. Das Tal bewahrt viel von seiner ursprünglichen Schönheit und dem traditionellen Aussehen, insbesondere im Frühling und zu Beginn des Sommers. Die Kulturen sind dann üppig, wie auch die Rosenstöcke und Obstbäume, die Riesenmengen Aprikosen, Pfirsiche und Mandeln produzieren.

Das Tal des Dades ist jedoch vor allem berühmt wegen seiner zahlreichen Kasbas, die sich durch das ganze 200 km lange Tal an der berühmten **Route des Kasbahs** hinziehen. Diese Bauten zeugen einmal von den Kämpfen um die Vormacht im Tal und zum andern von der wirtschaftlichen und strategischen Bedeutung sowie von der herausragenden historischen Rolle, die ihr einst als wichtiger Handelskno-

Die Kasba Ait Arbi.

Verschiedene Panoramen vom Dades-Tal. ▸

tenpunkt der Region zukam. Diese herrlichen Gebäude haben den Baucharakter der im Süden Marokkos lebenden Berberstämme fast vollständig bewahrt. Die größeren Orte in den Oasen und Tälern sind befestigte Bauten, deren Architektur den unterschiedlichsten Einflüssen ausgesetzt war, insbesondere orientalischen und mediterran-präislamischen. Die meisten dieser Kasbas erheben sich auf steilen Anhöhen und wirken in ihrer Abgeschiedenheit wie mächtige Burganlagen. Sie wurden alle nach einem Vorbild gebaut und unterscheiden sich nur durch die jeweils andersartigen Backsteinornamente. Oft ist die Dekoration nicht eigens erdacht, sondern ergibt sich schlicht aus den Dimensionen der Kasba. So ist es nicht einfach, aufgrund des Gewichts der nassen Erde, aus der sie im wesentlichen besteht, ab einer bestimmten Höhe den typischen «Pisé» zu verwenden. Die Mauern werden mit vorgetrockneten, weil leichter transportierbaren Ziegelsteinen ergänzt. Je nach Form und Größe haben die Erbauer bestimmte Dekorationsformen für die Fassaden ersonnen. Diese Gebäude besitzen gewöhnlich zwei Stockwerke und sind mit hohen Mauern umgeben, wobei die verzierten Ecktürme den Wehrcharakter der Kasba unterstreichen. In der Kasba befinden sich Wohn- und Lagerhäuser, die sich um verschiedene Höfe gruppieren. Die Ksour (Mehrzahl von Ksar), die mehrere solcher Gebäudegruppen zusammenfassen, wurden zum Selbstschutz und zur Verteidigung der Bewohner geschaffen. Innerhalb eines Ksar (befestigtes Dorf) herrscht eine strenge hierarchische Ordnung, die auf der sozialen Stellung und den wirtschaftlichen Verhältnissen der Gruppen basiert. Die Wohlhabenderen wohnen natürlich in größeren und stattlicheren Häusern als das ärmere Volk. Im Ksar hingegen liegen die gemeinschaftli-

Eine Kasba im Dades-Tal.

Die mächtige Kasba Skoura im Dades-Tal und das phantastische Landschaftsbild des Oued Dades bei Nacht. ▶

chen Gebäude mit Brunnen, Moscheen, Versammlungsräumen und dem Friedhof.
Die Fahrt durch das Tal des Oued Dades beginnt an der fruchtbaren **Oase Skoura**, die einen wunderschönen Palmenhain besitzt. Die Gegend zeichnet sich durch ihre schmucken Dörfer und mit Türmen bewehrten Gebäude aus. Besonders interessant ist die Kasba von Ameridil sowie von El-Kebbaba, Dar Aichil, Dar Ait Sidi el-Mati und Dar Ait Sous. Der Marabout-Getreidespeicher des Sidi M'Barak oder Alì in der Nähe von Skoura ist wegen seiner Koubba-Kuppel bekannt. Ein Stück weiter trifft man auf das große Dorf Mgoun, an der Mündung des gleichnamigen Flusses mitten in einer Oase gelegen, wo keine Palmen wachsen, sondern die mit Obstbäumen aller Art, wie Mandel-, Aprikosen- und Granatapfelbäumen bedeckt ist. Typisch und zahlreich sind die «Baldi» genannten Rosenhecken, die die Luft mit einem betäubenden Duft erfüllen. Die zu Beginn des Frühlings geernteten Rosen dienen zur Herstellung eines Rosenwassers, das in einem Gebäude der Kasba hergestellt wird und die ganze Gegend berühmt gemacht hat. In Marokko ist der Konsum dieser Essenzen groß. Das Rosenfest ist der Höhepunkt der Ernte. Dann gerät das ganze Dorf in Aufregung. Lieder und Tänze wechseln sich ab bis zum Morgengrauen - ein Volksfest mit einer einzigartigen Atmosphäre, die von unvergeßlichen Rhythmen begleitet wird.
Ein weiteres bekanntes Verwaltungszentrum des Tales ist **Boumalne du Dades**. Wie in El-Kela des Mgouna wachsen auch hier keine Palmen. Das Dorf ist berühmt wegen seines Mittwochsmarktes, der im tiefergelegenen Ortsteil innerhalb einer weiten Einfriedung abgehalten wird. In Boumalne beginnt ein herrliches Panorama der grünen Flußufer. Auf einer Bergstraße erreicht man die spektakulären und berühmten Schluchten im Dades-Tal. Hunderttausende von Jahren waren nötig, um den Felsen ihre heutige Form und Farbe zu geben. Die senkrecht abstürzenden Wände dieser Schluchten lassen jeden Besucher ehrfürchtig verstummen. Die Färbung der Felsen reicht von Rot bis Malve. In der Nähe findet man zahlreiche, seht gut gepflegte Gärten.
Südlich von Boumalne erblickt man den Djebel Sargho in der Verlängerung des Anti-Atlas auf der anderen Seite des Dra-Ufers. Ein Stück weiter laden die Ksour Imiter und Timatrouine mit ihren Kasbas zum Verweilen ein. Die Straße führt dann weiter in die schöne Stadt Tinerhir.

Die mitten im Grünen gelegene Kasba von Tinerhir.

TINERHIR

Das zwischen Tafilalet und dem Dra-Tal gelegene Tinerhir ist ein wahres Juwel der Architektur in einem landschaftlich schönen Ambiente. Der Ort ist auf Terrassen angelegt, am Fuß eines dichten Palmenhains, auf den die Fenster der aus Stampferde erbauten Häuser blicken. Das einladende Städtchen mit seinen freundlichen Bewohnern besitzt sehenswerte Bauwerke. Die Kasba überragt das Wohngebiet, den Palmenhain und das umliegende Land.
Auf dem fröhlichen Wochenmarkt, der an jedem Montag stattfindet, wird wertvolles einheimisches Kunstgewerbe zum Verkauf feilgeboten.
Etwa fünfzehn Kilometer entfernt befinden sich inmitten einer märchenhaften Landschaft die **Todrha-Schluchten**. Die steilen Felswände erreichen an einigen Stellen 300 m Höhe. Tief unten rauscht der Oued Todrha, mit dessen Wasser die Mandelbaumfelder bewässert werden. Am Fuß der Felswand sprudelt eine Quelle, die zahlreiche Besucher anlockt. Das Wasser soll therapeutische Eigenschaften für sterile Frauen besitzen.
Flußaufwärts stößt man auf mehrere winzige Dörfer, deren Häuser sich durch eine ganz eigenartige Bauweise auszeichnen. Die Wände sind ganz fensterlos, und das Licht fällt durch einen für verschiedene Zwecke ausgestatteten Innenhof ein. Es handelt sich um eine archaische Bautypologie, die vor Unwetter und starker Sommerhitze schützt, zugleich aber auch Fremden den Einblick in das Privatleben der Familie verwehrt.

Das antike Stadttor von Rissani und eine moderne Einfahrt.

DIE LANDSCHAFT TAFILALET

An der Südostgrenze Marokkos erstreckt sich die Region Tafilalet, die in der Geschichte des Landes eine bedeutende Rolle gespielt hat. In dem antiken Sijilmassa wurde im Jahr 1640 die Alawitendynastie gegründet, der König Hassan II. angehört. Er ist ein direkter Nachfahre von Moulay Scherif, dem ersten Sultan und Gründer der genannten Dynastie.
Tafilalet ist auch seit vielen Jahrhunderten ein sehr bedeutendes Handelszentrum.
Die Region bildet den Hauptzugang zur Sahara, wo sich die Zivilisation des Nordens mit der des tiefen Südens vermischt hat. Hier wurden einst Gold, Gewürze und Sklaven in den Sudan und nach Guinea weiterbefördert.
Heute ist Tafilalet ein beliebtes Touristenziel. Friedliche Oasen wechseln ab mit zahlreichen Palmenhainen und Ksour, von denen es mindestens hundert gibt. Der Farbkontrast verleiht der Landschaft einen besonderen Reiz, der durch das Profil der Berge noch erhöht wird. Hier gehen die Bergketten des Hohen Atlas, von denen einige eine Höhe von 3000 Meter überschreiten und die eine wunderschöne natürliche Barriere bilden, nahtlos ineinan-

Alter Mann beim Trocknen von Datteln.

der über. An den Atlas schließt sich das Sahara-Vorgebirge an, das aus unwirtlichen Hochebenen am Rand der Wüste gebildet wird. Dieser unterschiedliche Landschaftscharakter wirkt sich günstig auf das Klima aus. Die jährliche Durchschnittstemperatur liegt bei 19°C. Doch gibt es gewaltige Temperaturunterschiede zwischen den Bergzonen und wüstenartigen Hochebenen, zwischen Sommer und Winter und sogar zwischen Tag und Nacht.
Tafilalet verfügt über zahlreiche Fremdenverkehrsorte, von denen drei besonders erwähnenswert sind: **Erfoud**, **Rissani** und das **Ziz-Tal**.
Erfoud ist der Ausgangspunkt für Exkursionen in das Tafilalet-Gebiet. Die Stadt liegt am Rand des Palmenhains von Tizimi und Tafilalet, der sich zwischen dem Oued Ziz und dem Oued Rheris bis zum Horizont erstreckt. Hier befindet sich eine der größten Oasen der Region. Sowohl die Oase als auch die Stadt tragen gegenwärtig den gleichen Namen: Djebel Erfoud. In der Umgebung der Oase liegen eine Reihe Sanddünen, die vor allem von Rheumakranken aufgesucht werden. In drei Kilometer Entfernung bietet der Bordj Est, das Ost-Fort, ein herrliches Panorama auf den Palmenhain, die umliegende Wüste und die nach Taouz führende Piste. In Erfoud liegen zahlreiche Ksour, von denen Hbibat und Chiahna besondere Erwähnung verdienen. Das Gebiet ist reich an Bleivorkommen. Die Bevölkerung, die für ihre Ehrlichkeit und ihren Fleiß bekannt ist, lebt von der Landwirtschaft und vom Handel.
Die nach **Rissani** führende Straße gibt Gelegenheit zur Besichtigung des Ksar Tingheras, wo man einen schönen Blick auf die Oase von Tafilalet hat, bevor man das mit Ruinen übersäte Land durchfährt, wo einst die an der Karawanenstraße erbaute, antike Stadt Sijilmassa und Hauptstadt des Reiches im 8. Jahrhundert lag.
Heute ist die Stadt ein wichtiges Zentrum. Die Straßen, die viele Symbole bergen, laden den Besucher zum Spaziergang ein. Dreimal in der Woche findet ein äußerst belebter Markt statt, der einen bleibenden Eindruck von den Traditionen und der Kultur der Bevölkerung in Rissani und der umliegenden Gegend vermittelt. Der auf dem Marktplatz gelegene Ksar L'Abouam zeugt von der historischen,

wirtschaftlichen und kommerziellen Bedeutung dieser Stadt, wie schon der Name besagt. Früher diente der Ksar als permanenter Handelsplatz im Freien.
In der Nähe von Rissani erhebt sich das **Mausoleum von Moulay Ali Cherif**, dem Gründer der Alawitendynastie. Die Grabstätte wurde durch eine Überschwemmung des Oued Ziz zerstört und 1955 von Sultan Mohammed V. wiederaufgebaut. Der heilige Bezirk umfaßt einen weiten Hof und einen Patio, der zur mosaikgeschmückten Grabkammer führt. Hinter diesem Mausoleum liegen die Ruinen des Ksar d'Abbar und, ein Stück weiter, die Ruinen des Ksar d'Oulad Abd-el Halim. Es handelt sich um ein prachtvolles Bauwerk, das trotz des augenblicklichen schlechten Erhaltungszustandes mit seinen herrlichen Bastionen, Türmen und dem Monumentaleingang der Kasba zu den interessantesten Beispielen dieser Architektur im Tafilalet zählt.
Lohnend ist auch eine Fahrt in das **Ziz-Tal**, das zu den Perlen im Tafilalet-Gebiet gehört. Diese grüne Gegend inmitten der Berglandschaft überrascht den Besucher immer wieder von neuem. Das Wasser des Oued Ziz fließ sanft dahin und läßt an seinen Uferrändern herrliche Palmenhaine wachsen. Hier und da liegen malerische Ksour, die sich aufgrund ihrer Farbe und Bauart ganz der Felsenlandschaft anpassen. Von 1968-71 wurde zur Flußregulierung der Hassan Addakhil-Damm gebaut, um das fruchtbare Tal vor Katastrophen zu schützen. In dieser zauberhaften Landschaft bildet der Fluß einen See, der zu einer weiteren Touristenattraktion in dieser an Naturschönheiten reichen Region wurde, die zunehmend erschlossen wird. Es handelt sich um ein weites Gebiet, das sich durch seine Berge, das Klima, die Bevölkerung sowie durch sein reichhaltiges Kunstgewerbe, zahlreiche Sehenswürdigkeiten und historische Bauten, originelle Märkte und Feste, wie die regelmäßig abgehaltenen Moussems, auszeichnet.
Die Infrastrukturen können sich durchaus sehen lassen. Ein gut ausgebautes Straßennetz verbindet die Orte der Region mit dem Norden des Landes. Der Trinkwasserbedarf ist weitgehend gedeckt. Die schon jetzt ausreichenden Beherbergungsmöglichkeiten werden zunehmend erweitert. Über 150 Hektar Land stehen für Fremdenverkehrsprojekte zur Verfügung, die in den kommenden Jahren realisiert werden sollen.

Dank des Flußwassers ist das Ziz-Tal reich an Palmenhainen.

Die Moschee der Stadt.

LAAYOUNE

Mehr als eine Stadt stellt Laayoune für die Marokkaner ein Symbol dar, eine unvergängliche Erinnerung an den «Grünen Marsch», der die Einheit des langersehnten Reiches verkörpert. Darüber hinaus sind die ab 1976 erfolgreich zu Ende geführten Projekte in den wiedererlangten Sahara-Provinzen ein deutlicher Beweis dafür, daß Marokko nunmehr den Weg des Fortschritts und des Wohlstands im Frieden eingeschlagen hat.
Das 600 km südlich von Agadir gelegene Laayoune mit seinen Stränden und Wüstengebieten bietet unzählige Sehenswürdigkeiten und ist ein bekanntes Touristenziel.
Die Landschaft besteht aus steinigen, wüstenartigen Hochebenen, die jedoch durchweg zugänglich sind und zu denen der Atlantik einen faszinierenden Kontrast bildet. Die kalten Strömungen der Kanaren (gegenüber von Laayoune) mildern das trockene Klima und machen den Aufenthalt in dieser Stadt sehr angenehm.
Ein leistungsfähiges, modernes Beherbergungswesen mit ruhigen Unterkünften erwartet den Gast. Die Umgebung bietet reichlich Gelegenheit zu Exkursionen und zum Besuch der Sanddünen, die sich kilometerweit ausdehnen.
Hier kann man noch Küsten entdecken, die sich am Horizont verlieren. Wunderschön sind auch die Strände von Naylat, 20 km nördlich der Stadt, oder der Strand von Foum el-Oued in gleicher Entfernung an der Südküste.

Der Hafen und die Küstenstraße von Tanger, die Avenue d'Espagne.

TANGER

Tanger, Berührungspunkt zwischen Europa und Afrika, vom Mittelmeer und Atlantik umspült, blickt auf eine sehr alte Geschichte zurück.
Obwohl sich die Berichte über die Gründung der Stadt in der Legende verlieren, gibt es über ihren Ursprung konkrete Hinweise. Der Legende nach ist der Gründer Antäus, der Sohn Neptuns und der Gaia («Erde»). Nachdem Herkules Antäus erwürgt und mit einem Streich Afrika von Europa getrennt hat, soll er Tingi, die Tochter des Antäus, seinem eigenen Sohn zur Frau gegeben haben, daher der Name der Stadt: Tingis. Später ließen sich Phöniker und Karthager hier nieder, und es entstand ein Handelsplatz und eine blühende Kolonie. Nach dem Niedergang von Karthago wurde Tingis zunächst von der spanischen Provinz abhängige römische Kolonie, später Hauptstadt von Mauretania Tingitana.
Im 5. Jahrhundert n. Chr. wurde die Stadt hundert Jahre lang von den Wandalen besetzt. Zur Zeit Justinians fiel Tingis dem byzantinischen Reich zu. Ende des 7. Jahrhunderts hielten sie arabische Truppen besetzt. Moussa ibn-Noceir hatte es besonders die strategische Lage der Stadt angetan. Im Jahre 711 stachen von Tarik ibn-Ziyad befehligte Truppen in Tanger in See, um Spanien zu erobern. Ab diesem Zeitpunkt und bis zur portugiesischen Belagerung im Jahre 1437 war die Stadt ständiges Streitobjekt zwischen den marokkanischen Dynastien, den Omejaden aus Spanien und den Fatimiden, und später zwischen diesen und den tunesischen Hafsiden. Tanger erfährt in der Folgezeit das gleiche Schicksal wie Nordafrika.
1471 kehrten die siegreichen Portugiesen nach Tanger zurück und besetzten es ein weiteres Jahrhundert. Je nach der Bündnispolitik der europäischen Herrscherhäuser wurde es von 1578 bis 1640 spanisch, kehrte dann unter portugiesische Herrschaft zurück und ging schließlich an die Engländer über, als Mitgift einer portugiesischen Prinzessin, die 1661 König Karl II. von England geheiratet hatte. Ab 1662 erfolgte die endgültige Besetzung durch die

Coca-Cola

Engländer. Mit einer einzigen Ausnahme wurden alle portugiesischen Kirchen zerstört. Umgeben von Festungen, blickte Tanger einer blühenden Zukunft entgegen, die an das Geschick der britischen Krone geknüpft war, doch kam England nicht dazu, dieses Projekt zu verwirklichen.

1678 begann Moulay Ismail mit einer fünfjährigen Belagerung der Stadt. Als man 1684 auch die Wasserversorgung abschnitt, verließen die Engländer Tanger, nachdem sie die Stadt soweit wie möglich zerstört hatten. Mit der Befreiung der Stadt und der Rückführung ins Vaterland begann ein neues Kapitel in der Geschichte von Tanger. Moulay Ismaïl übernahm erfolgreich den Wiederaufbau und die Neuordnung der Stadt. Anstelle der einzigen portugiesischen Kirche, die die Engländer stehengelassen hatten, ließ er die Moschee der Kasba errichten, mit einem achteckigen, farbigen Minarett.

Zur Regierungszeit von Moulay Slimane war Tanger die einzige Stadt, wo die offiziellen Diplomaten am Sultanshof residieren konnten. Selbstverständlich handelte es sich um eine Vorsichtsmaßnahme. Damals war Marokko ein Land, auf das sich die europäischen Expansionsgedanken konzentrierten, die immer wieder Anlaß zu Rivalitäten gaben. Schon waren die ersten Anzeichen einer Bedrohung der Souveränität Marokkos zu spüren, die sich später bewahrheiten sollten. 1912 wurde Marokko das Protektorat aufgezwungen. Tanger und die umliegenden Bezirke wurden internationales Hoheitsgebiet, das 1923 ein Statut erhielt. Die Stadt erlebte damals einen ungeheueren Aufschwung, in einem unvorstellbaren Rhythmus, wie er sich in keiner anderen marokkanischen Stadt vollzogen hat. Innerhalb eines Vierteljahrhunderts wuchs es zu einem internationalen Handelszentrum an. Der Freihafen ist Anreiz für massenweise Investitionen. Eine zahlenmäßig starke europäische Kolonie läßt sich hier nieder, der nicht nur reiche Kaufleute, Bankiers und Industrielle angehören. Der Schmuggel blüht und verwandelt Tanger in eine «offene Stadt, in der man – nach einer Definition von Michel Rouzé – rasch zu Geld kommt und es vergnüglich zugeht».

Mit der Unabhängigkeit Marokkos endet das internationale Sonderregime, und Tanger wird den anderen Städten des Landes gleichgestellt. Was der Stadt bleibt, sind die unauslöschlichen Zeichen eines historischen Erbes und die Charakteristiken seiner geographischen Lage. Aus diesen beiden Komponenten entstand aus einer neuen Sicht das heutige Tanger, das einer glanzvollen Zukunft entgegengeht.

Die Sehenswürdigkeiten, Baudenkmäler und Stadtviertel bewahren Spuren und Erinnerungen an zahlreiche historische Ereignisse, die in Tanger aufeinander gefolgt sind. Von der Place de la Kasba oder der weiten Terrasse am Ende des Boulevard Pasteur genießt man ein umfassendes Panorama dieser gastfreundlichen und zugleich vertraut wirkenden Stadt. Es besteht keine Gefahr, daß man sich auf den abschüssigen Straßen der Neustadt oder in

◄ *Zwei Ansichten des herrlichen Strandes von Tanger.*

Die Große Moschee Mohammed V.

der Medina verläuft. Überall begegnet man herzlichen Menschen, wie die bunte Menge beweist, in der sich Touristen unter die geschäftigen Einwohner mischen, die mit behendem, doch festem Schritt vorwärtseilen. In allen Farben schillern bunte Waren und Artikel, die in den Schaufenstern des Basars und in den zahllosen Läden anzutreffen sind. Diese Geschäfte befinden sich an den unerwartetsten Orten und tragen zur Belebung der Umgebung bei, wie der Duft, der sich um die winzigen Cafés entfaltet, wo Stadtbewohner und Touristen ihren Pfefferminztee genießen.

Aus den nach typisch arabischen Vorlagen erbauten Häusern auf dem Hügel tönen melodische Klänge, die sich mit dem Lärm der Kinder vermischen. Man darf auch nicht vergessen, daß die Medina ein Wohnviertel ist, wo Tausende von Menschen leben. Am besten beginnt man die Besichtigung in der Altstadt am **Gran Socco**, dem Hauptgeschäftsplatz der Medina, der Tag und Nacht belebt ist. Vielleicht ist es übertrieben, wenn man sagt, daß man jetzt, da Tanger nicht mehr, wie einst, internationale Freihandelsstadt ist, hier alles kaufen und verkaufen kann, aber der Handel blüht und die angebotene Ware ist von verblüffender Vielfalt: Gewürze, Nippsachen, Glas, Stoffe, Geflügel, Obst und Gemüse, Blumen und Andenken. Etablierte Geschäftsinhaber existieren neben nicht autorisierten und fliegenden Händlern. Die dichte Menschenmenge besteht aus Touristen, Nichtstuern, Stadtbewohnern und Bauern aus den umliegenden Regionen. An Markttagen kann man die Bauersfrauen mit ihren riesigen rot und weiß gestreiften Schürzen beobachten, auf dem Kopf einen großen Hut mit Wollpompon und Gamaschen an den Füßen. Auf dem Markt herrscht von frühmorgens bis spät am Abend ein turbulentes Treiben.

Panorama des Hafens und der Bucht von Tanger mit der Kasba-Mauer und dem Grand Socco (Place du 9 Avril), Marktplatz und Herz der Medina.

In der Nähe des Grand Socco liegt der **Mendoubia-Garten**, die ehemalige Residenz des Mendoub genannten Repräsentanten des Sultans in der Stadt. Im Park sind noch Artilleriegeschütze aus dem 17. Jahrhundert zu sehen, ebenso die Silhouette des Minaretts der Moschee von Sidi Bouabid, die sich auf der gegenüberliegenden Seite des Grand Socco erhebt. Die Eleganz dieses Minaretts rührt von den klaren, schlichten Formen her.
Jenseits des Platzes beginnt die Rue es-Siaghin. In den Schaufenstern der Schmuckläden dieser Straße sind wahre Meisterwerke ausgestellt, die von dem Können und der erlesenen Kunst der marokkanischen Gold- und Silberschmiede zeugen. Ringe, Armreifen, Gürtel, Anstecknadeln und sonstiger Goldschmuck locken zahlreiche Kunden an. Am Ende dieser charakteristischen maghrebinischen Straße steht man plötzlich auf einem kleinen Platz, dem sogenannten **Petit Socco**. Hier wird der Besucher von einem szenographischen Ambiente eingefangen, das eifersüchtig über die Zeugnisse der ereignisreichen Geschichte von Tanger wacht. Hier liegen viele Hotels nebeneinander, und die Cafés rund um den Platz erinnern in ihrer Bauweise an

europäische Städte. Natürlich ist der Petit Socco nicht mehr der gleiche wie vor der Unabhängigkeit. Damals war er Treffpunkt für Geschäftsleute, Händler und Schmuggler, die hier seelenruhig ihre «Geschäfte» abwickelten. Heute hat der Platz viel von seiner Vitalität und Betriebsamkeit eingebüßt und wird von Kunstgewerbe- und Souvenirhändlern eingenommen.

Die Rue La Marine, die hier ihren Ausgang nimmt, führt zur **Großen Moschee**. Sie wurde im 17. Jahrhundert von Moulay Ismaïl an der Stelle erbaut, wo vormals die portugiesische Kathedrale gestanden hatte, die später in anglikanische Kirche umgewandelt wurde. Das majestätisch wirkende Gebäude besitzt ein Eingangsportal, das mit Arabesken auf Mosaiken aus emaillierter Majolika verziert ist, überragt von einem holzgeschnitzten und bemalten Holzdach, das eine Inschrift in kufischen Lettern trägt.

Gegenüber von diesem Monument erhebt sich eine merinidische Medersa aus dem 14. Jahrhundert, die durch ihre Architektur und kunstvolle Dekoration auffällt.

Wenige Meter von der Moschee und Medersa entfernt befindet sich eine Aussichtsterrasse, die ein weites Panorama auf den Hafen bietet. Die Rue de la Marine führt zum Tor Bab el-Bahar und stellt eine Verbindung zur Rue Torres und zur Rue Ben Raisoul her, die zur Kasba ansteigt. Nachdem man an einem mit Fliesen und geschnittenem Stuck geschmückten Brunnen vorbeiging, passiert man das Tor Bab el-Assa und erreicht die Place de la Kasbah, das Gericht (Dar ech-Chraa), den **Sultanspalast** (Dar el-Makhzen) und die Schatzkammer (Bit el-Mal), alle sehenswert, insbesondere der Sultanspalast, dessen Bau auf die Zeit des Moulay Ismaïl zurückgeht, während die Erweiterung ein Werk des Paschas Ahmed ben Alì aus dem Jahr 1735 ist; weitere Ausbauten nahmen Anfang des neunzehnten Jahrhunderts Moulay Slimane und 1899 Sultan Moulay el-Hassan vor.

Der Patio des Palastes ist von majolikaverzierten Arkaden umgeben, die auf Marmorsäulen ruhen. Der Hof und das mittlere Becken sind mit kostbaren Keramiken aus Tetouan geschmückt. Die Appartements im Palast befinden sich in ausgezeichetem Erhaltungszustand und beherbergen das **Musée des Arts marocains**. Das Museum enthält einen Querschnitt des Kunsthandwerks aus allen Regionen des Landes: Flechtwerk, Messinggeschirr, Trachten, getriebenes Metall, Schmuck, Waffen, Teppiche, Keramik, Seide, bemaltes Holz, Musikinstrumente.

Der **Dar Chorfas** (Adelspalast) genannte Palast ist Sitz des **Musée des Antiquités**, wo unter anderem Waffen, Münzen und Funde aus prähistorischer und römischer Zeit sowie Gemälde über die schöne

Ein Teil der Stadt mit der Kasba und der Moschee Sidi Bou Abid.

Panorama von Tanger.

Eine eindrucksvolle Ansicht der Grotten des Herkules. ►

Stadt Tanger ausgestellt sind.
Unzählige Superlative wurden für Tanger erfunden: «Braut des Nordens», «Braut des Gibraltar», «Perle des Nordens». Diese Attribute unterstreichen die touristischen Vorzüge der Stadt. In der Nähe von Tanger grenzen das Mittelmeer und der Atlantik aneinander, doch ohne daß sich ihre Wasser vermischen, wie manche behaupten. Die Verbindung dieser beiden Klimate wirkt sich wohltuend auf das Küstenambiente aus, wo relativ konstante Temperaturen herrschen. Millionen Menschen bevölkern alljährlich die Strände von Tanger. Für die meisten Touristen bildet die Stadt den Schlüssel zum Verständnis von Marokko. Tanger bietet neben den Vorteilen eines renommierten Seebads die einer modernen Großstadt, die mit allen Infrastrukturen für Erholung, Urlaub, Sport, Geschäft und Unterhaltung ausgestattet ist. Die großen Hotels liegen an der Mittelmeerküste. Von ihren Zimmern genießt man eine herrliche Aussicht auf den Strand und auf die **Avenue d'Espagne**. Diese Allee steht der Promenade des Anglais, durch die Nizza berühmt wurde, in nichts nach. Leider verläuft zwischen der von Palmen und blühenden Anlagen gesäumten Allee und dem Strand die Bahnlinie. Man bemüht sich seit längerem, dieses inzwischen vordringlich gewordene Problem zu lösen, da die Bahnlinie nicht nur stört, sondern auch eine Gefahr für die Strandbenutzer darstellt.
Die Atlantikküste von Tanger umfaßt bezaubernde Ortschaften mit grünen Wäldern und endlosen, oft menschenleeren Stränden. 18 km von Tanger entfernt befinden sich die **Grotten des Herkules**. Durch dieses Labyrinth aus Kalkfelsen, die bei Flut vom Meer überspült werden, genießt man eine unvergeßliche Aussicht auf den Atlantik. Wie an vielen noch unberührten Küsten besteht auch hier die Gefahr der unkontrollierten Verstädterung, und man kann nur hoffen, daß es nicht soweit kommt. Die laufenden Projekte für Tanger geben keinen Grund zur Besorgnis. Dank seiner strategischen Lage ist Tanger im Begriff, sich zur europäischsten aller afrikanischen Städte zu entwickeln. Die permanente Verbindung zum Kontinent durch die Straße von Gibraltar, mit der sich zahlreiche Experten seit Jahren befassen, versetzt Tanger in die Lage, sich wieder auf seinen traditionellen Stellenwert als internationaler Angelpunkt zu besinnen.
Eine Reihe weiterer Wirtschafts-, Finanz- und Sozialprojekte sollen Tanger demnächst zu einer freien, kooperationsfreudigen Handelsstadt machen, die dann einmal mehr unter Beweis stellen wird, daß sich Marokko in immer stärkerem Maße dem Weltmarkt öffnet.

Luftaufnahme von Tetouan.

TETOUAN

Tetouan stellt heute ein privilegiertes Touristenziel dar. Die zauberhafte Stadt und ihre Umgebung sind der Stolz des marokkanischen Tourismus.
Tetouan ist ohne Übertreibung eine herrliche und faszinierende Stadt. Wie schneeweiße Tupfer wirken die schönen Häuser auf dem Dersa-Berg, von dem man das mit Eukalyptusbäumen, Zypressen, Mandel- und Orangenbäumen bedeckte fruchtbare Tal des Oued Martil erblickt.
Die im Jahr 1307 von dem Merinidensultan Abou Tabit gegründete Stadt wurde später dank der Küstennähe zu einem bevorzugten Unterschlupf der Korsaren. Heinrich III. von Kastilien setzte dieser unerträglichen Situation ein Ende, indem er die Stadt 1399 völlig zerstörte. Damit begann eine schwierige und dunkle Epoche in der Geschichte von Tetouan. Erst im 16. Jahrhundert erfolgte der Wiederaufbau durch die aus Andalusien vertriebenen Muselmanen und Juden. Zwei Jahrhunderte später gab der Alawitensultan Moulay Ismaïl der Stadt den Rang wieder, der ihr zukam, und machte sie zu einem wichtigen Handelszentrum für den Okzident. 1857 wurde Tetouan von den Spaniern belagert, die es schließlich von 1860 bis 1862 besetzt hielten und hier Anfang des 20. Jahrhunderts die Hauptstadt ihres Protektorats für das nördliche Gebiet einrichteten.
Die Stadt bewahrt noch Spuren aus dieser Zeit. Die Atmosphäre ist andalusisch. Die Stadtplanung, das Brauchtum, die Bauart, der Schmuck, die Musik und die Gastronomie lassen viel von der Charakteristik der spanischen Kunst und Traditionen verspüren.
Die Stadt ist aber auch vor allem ein Ort, in dem der Islam und die marokkanische Kultur zu Hause sind. Über die hohen Mauern, die die Altstadt umschließen, erblickt man die hoch in den blauen Himmel ragenden Minaretts. Darüber hinaus greift Tetouan auf eine alte Kulturtradition zurück. Heute besitzt die Stadt eine eigene Universität, die nach einem der großen Alawitensultane, Sidi Mohammed ben Abdallah, benannt ist, ferner ein Museum für marokkanische Kunst und Folklore, ein archäologisches Museum, wo die Funde der in den alten römi-

Das Tor der Königin und die Moschee Sidi Es-Saidi in Tetouan.

schen Städten Lixus und Tamuda durchgeführten Ausgrabungen zu sehen sind, und ein andalusisches Musikkonservatorium. Das *Touristen-Festival*, das hier jedes Jahr abgehalten wird, lockt Künstler, Autoren sowie marokkanische und ausländische Intellektuelle an und trägt dazu bei, den traditionellen Ruf der Stadt als Begegnungsstätte für den kulturellen Austausch zu pflegen.
Entlang der nahen Mittelmeerküste reihen sich über etwa 50 km unzählige Strände und Badeorte aneinander: Martil, Cabonegro, Mdiq, Kabila, Ksar al-Rimal, Marina, Restinga usw.
Alle diese im Sommer stark besuchten Seebäder bieten besondere Spezialitäten, die den Urlaub unvergeßlich machen. Endlos dehnen sich die Strände aus, das Wasser ist kristallklar und smaragdgrün, und die Sonne ist erträglich. Die Infrastrukturen für den Tourismus gehören zu den besten in Marokko: Hotels, Bungalows, Nachtlokale, Apartmenthäuser, Geschäfte, Sportanlagen, kurz, alles was der Gast für seine Erholung und Unterhaltung braucht.

Das pittoreske Städtchen Chechaouen.

*Der Markt ist täglich bevölkert mit Bäuerinnen, ►
die riesige Strohhüte tragen.*

CHECHAOUEN

59 km von Tetouan entfernt liegt Chechaouen (die Spanier nennen es Xauen), das auch als Chaouen oder Chefchaouen bekannt ist.
Gegründet wurde die Stadt von Sidi Ali ben-Rachid im 15. Jahrhundert. Sie liegt in 600 Meter Höhe zwischen zwei Bergriesen, deren Gipfel zweitausend Meter hoch sind. Heute ist Chechaouen eine der Hauptstädte der Region Ibala.
Der Name kommt aus der Berbersprache, in der «ech-Chaouen» «die Hörner» bedeutet. Das Wort bezeichnet auch eine Begegnungsstätte. Schon vor der Gründung der Stadt war der Name bekannt. Ein Dorf und ein Fluß im Land des Haha-Stammes südöstlich von Marrakesch nannten sich Chechaouen. Später bezeichnete man mit diesem Namen das heutige Chechaouen, die umliegenden Berge und einen Fluß.
Die Historiker behaupten, daß die Römer auf dem heutigen Stadtareal das antike Appinum erbaut hatten und daß sich nicht weit entfernt eine weitere römische Stadt namens Blida befand. Der Mauergürtel der letzteren gelangte bis in unsere Tage.
Im 15. Jahrhundert wurde Chechaouen von Sidi Ali ben-Rachid gegründet, der seinem Vater als Fürst eines unabhängigen Prinzipats mit zentraler Macht gefolgt war. Die Stadt diente als Militärbasis für die Soldaten im Kampf gegen die portugiesischen Invasoren, die sie in den Norden des Landes zurückzudrängen versuchten. Nach der Besetzung von Ceuta im Jahre 1415 machten die Portugiesen Anstalten, ihren Herrschaftsbereich auf die angrenzenden Gebiete auszudehnen. Aufgrund seiner städtebauli-

VALENCIA

Die Kasba, ein charakteristischer Winkel und eine Teilansicht der Großen Moschee von Chechaouen.

chen Form und seiner strategisch wichtigen Berglage bot Chechaouen der Bevölkerung Schutz, da es weit genug vom Kriegsschauplatz und der Belagerungszone der Portugiesen entfernt lag. In dieser Zeit machte die Dynastie der Meriniden eine Krise durch und war nicht in der Lage, den Völkern im Norden Sicherheit zu garantieren. Die Bewohner mußten sich im Kampf gegen den Feind und für die Erhaltung ihrer religiösen Tradition in diesem Teil der muselmanischen Welt auf ihre eigenen Kräfte verlassen. Die Jihad wurde damals zu einer Pflicht, zu der die Männer aus kulturellen und religiösen Kreisen die Massen aufriefen. Die in der Region lebenden Chorfa Alamiin übernahmen diese heilige Mission. Chechaouen wurde zu einem wahren Refugium und einem Zentrum für die Aufstellung der Kampftruppen. Eine Kasba wurde gebaut. Einige Gebäude lagen am linken Ufer des Oued Chechaouen, bevor man das rechte Ufer wählte, das mehr Schutz vor Überschwemmungen bot und näher am Heimatdorf des Stammes Chorfa Alamiin lag. Sidi Ali ben Rachid überwachte persönlich die Aufbauarbeiten der Stadt. Unter seiner vierzigjährigen Regierung erlangte Chechaouen Bedeutung auf kultureller und religiöser Ebene. Die Wirtschaft blühte, insbesondere nach der Ankunft der andalusischen Flüchtlinge. Die Stadt dehnte sich beachtlich aus und umfaßte nun sechs Viertel: Souika, Kharrazin, Rif Andaluso, Rif Sebbanin, Ansar und Souk.

Der Wattasidensultan Mohammed ech-Cheikh, besorgt über die wachsende Bedeutung der Stadt und über die Autonomie des Sidi Ali ben Rachid, begann einen grausamen Krieg. Er zwang den Fürsten in die Knie und zerstörte einen beträchtlichen Teil von Chechaouen. Durch Vermittlung der Stämme Chorfa Alamiin und Ouelma zeigte sich der Sultan mildgestimmt. Er gewährte Sidi Ali ben Rachid Gnade und ernannte ihn zum Präfekten («Wali») der Ghomara. Später stand die Stadt unter dem Schutz der Sadiden und Alawiten. Moulay Ismaïl ließ den sogenannten Dar el-Makhzen-Palast erbauen. Mit der Eroberung der Spanier 1920 verlor Chechaouen etwas von seinem mysteriösen Zauber, blieb jedoch weiterhin eine «heilige» Stadt.

Tatsächlich zeichnete sich Chechaouen von jeher als religiöses Zentrum aus. Die meisten Einwohner waren Chorfa, Nachfahren des Propheten. Ihr sowohl öffentliches wie privates Verhalten war auf Würde, Ehrbarkeit, Rechtschaffenheit und Opferbereitschaft begründet.

Darüber hinaus beherbergte die Stadt etwa zehn

vielbesuchte Pilgerstätten. Von dem kulturellen und religiösen Einfluß, den Chechaouen auf die ganze Region ausübte, sind noch sichtbare Zeugnisse erhalten (Moscheen, Medersen), Manuskripte, Erzählungen und Erinnerungen an die Vergangenheit, die sich zuweilen mit der Legende vermischen und sowohl im Volksglauben wie im Bewußtsein der Menschen jene Heiligkeit bewahren, die den besonderen Charakter von Chechaouen bestimmen. Daraus entspringen ein Friede, eine Ruhe und Heiterkeit, die diese Stadt besonders liebenswert machen.
Chechaouen liegt am Fuß des Rifgebirges, wo das Rauschen unzähliger Wildbäche das Leben der Einwohner begleitet. In der Stadt fließt Wasser in alle Richtungen. Manchmal teilen sich die Flüßchen in winzige Bäche, die sich dann in herrliche Bassins ergießen. Mit dem Wasser werden die Blumenfelder und Plantagen bewässert, die um die im andalusischen Baustil terrassenartig angelegten Häuser mit rotem Ziegeldach und schneeweiß, blau und ockerfarben getünchten Wänden entstanden sind. Die Bewohner sind zurückhaltend, gastfreundlich und höflich.
Hinter den Mauern der Kasba verbirgt sich ein Blumengarten. Die **Place el-Makhzen** und die **Place Uta el-Hamman** sind bezaubernde Plätze. Ersterer liegt im westlichen Teil und bildet den Kern und das pulsierende Zentrum von Chechaouen. Den von terrassenförmig angeordneten Boutiquen gesäumten Platz ziert ein schöner Brunnen. Er wird von einem Backsteinminarett überragt, das eine weiße Laterne krönt. In der Nähe befindet sich ein weiterer Platz, die Place Uta el-Hamman, wo zweimal wöchentlich, montags und donnerstags, ein Markt abgehalten wird. Eine doppelte Freitreppe führt zum Platz der Großen Moschee, die von einem oktogonalen Minarett flankiert wird. Die Medina ist ungemein pittoresk. Die mit Kieselstein gepflasterten Sträßchen winden sich durch anmutige Häuser, deren Fenster unregelmäßig angeordnet sind und die hier und da mit gemauerten Bögen verbunden sind. Hier herrscht eine typisch spanische Atmosphäre. Der Charakter der Medina wird auch mitgeprägt durch das nahegelegene herrliche Mittelmeer.
In dieser bezaubernden Stadt hört man allenthalben andalusische Musik. Jedes Jahr wird ein Festival für diese Musikart, aber auch für klassische Kompositionen, oft von unbekannten Künstlern, organisiert, eine Veranstaltung, die stets ein großes Publikum anlockt. Auch das Kunsthandwerk ist berühmt, be-

Die weißen Häuser von Chechaouen.

sonders Wolle. Die Stoffe, die aus den Manufakturen dieser Region kommen, gehören zu den schönsten in Marokko. Das gleiche gilt für Teppiche. Chechaouen ist außerdem bekannt wegen seiner Holzmalerei; hier bestechen vor allem die Eleganz und Präzision der farbenprächtigen und mit vielen Symbolen verzierten Arbeiten.
In Richtung Tetouan bieten der Oued Laou, das Tal des Oued Mitzall und der kleine Damm von Nakhla über den Oued Hajar herrliche Ausblicke. Historisch Interessierte können hier nach **Souda el-Arba des Beni Hassan** abbiegen. Die hier ansässigen Berber stellen einen wichtigen Kern des Stammes der Ghomara dar, der sich im 8. Jahrhundert zum Islam bekehrt hatte und durch seinen hartnäckigen Widerstand gegen die Almohaden berühmt wurden. Hier befindet sich das Grab des Moulay Abdeslam ben Mchich, einer der vier «Pole» des Islam, Gründer der Chadiliten und Stammesfürst der Chorfa Alamiin. Er wird auch als Patron der Djebala-Regionen angesehen. Sein Mausoleum ist Ziel der berühmtesten und meistbesuchten Pilgerfahrten in Marokko. An der Straße nach Tetouan kann man auch die Stelle sehen, an der einst das im 2. Jahrhundert v. Chr. gegründete Tamuda lag und wo die Römer vier Jahrhunderte später ein befestigtes Militärlager errichteten.
Eine wunderschöne Panoramastraße verläuft durch das Rifgebirge von Chechaouen nach Al Hoceima und führt in einen schönen Zedernwald. Auf der Fahrt überquert man zahlreiche Pässe, wie den Bab Taza, Bab Berred und Bab Besen. Das 1700 m hoch gelegene Ketama ist eine besonders sehenswerte Stadt. Hinter dem Bab Tisichen-Paß erreicht man die am Mittelmeer gelegenen Küstenorte Kalah Iris und Badis, die bereits auf die Landschaft von Al Hoceima überleiten.
Die Straße nach Fes führt in der Nähe der Karstquelle Ras el-Ma vorbei, etwa siebzig Kilometer von der hübschen Stadt Ouazzane entfernt, deren Zawija bedeutenden politischen und religiösen Einfluß in Marokko ausübte.

Zwei Ansichten der «weißen Stadt» Asilah.

ASILAH

40 km südlich von Tanger liegt an der Straße nach Rabat das geschichtsträchtige Städtchen Asilah. Die Stadt war bereits als karthagische Gründung namens Arzila oder Zili bekannt. Zu der Zeit, als sie zur Provinz Mauretania Tingitana gehörte, trugen die hier geprägten Münzen den Namen der Stadt in punischen Lettern. Aus der Römerzeit sind aufgrund der zahllosen Eroberungen, denen die Stadt bis zur Dynastie der Idrisiden ausgesetzt war, keine Spuren erhalten. Im 14. Jahrhundert entwickelte sich Asilah zu einem bedeutenden Hafen, der von Schiffen aus Europa angelaufen wurde und somit seinen einstigen Glanz zurückerhielt. Doch wurde die Stadt 1471 von den Portugiesen erobert, die sie in eine Militärbasis für ihre Truppen verwandelten. 1578 wurden die Portugiesen in der sogenannten Dreikönigsschlacht geschlagen. Der Sadidensultan Ahmed el-Mansour konnte die 1589 von den Spaniern besetzte Stadt zurückfordern. Einige Jahre später gelang den Spaniern jedoch die Rückeroberung. Die endgültige Befreiung brachte Moulay Ismaïl 1691 zustande. Von diesem Tag an gehörte Asilah wieder zu Marokko bis zur Zeit des Protekto-

rats, trotz des österreichischen Bombardements 1829 und der gegen Ende des neunzehnten Jahrhunderts stattgefundenen provozierenden Bewegungen von Al-Raissouni und seiner unliebsamen Alliierten.
Heute ist Asilah ein berühmter Badeort. Eine Perle an der Atlantikküste, die zunehmend für den Fremdenverkehr erschlossen wird.
Die Altstadt (Medina) mutet wie aus einer Erzählung in Tausendundeiner Nacht an.
Asilah ist auch ein privilegiertes Reiseziel für Künstler und Intellektuelle.
Die jährlichen Moussem-Feste bieten Wissenschaftlern und Vertretern der Kulturszene Gelegenheit zum Gespräch und Gedankenaustausch. Die Sommeruniversität und das Zentrum für Afrikastudien verleihen Asilah einen neuen Ruf und heben zugleich die Bedeutung seines Namens hervor, der «die Authentische» bedeutet.

AL-HOCEIMA

Al-Hoceima, an der von sanften Wellen umspülten Mittelmeerküste gelegen, im Rücken das Rifgebirge, bietet mit seinen leuchtenden Farben ein herrliches Panorama. Das Blau des Meeres, die goldene Farbe des feinen Sandes und das Grün der Bäume des Rifgebirges verleihen dieser hellen und freundlichen Stadt an der Bucht einen ganz besonderen Reiz.
Nicht umsonst gehört Al-Hoceima heute zu den attraktivsten Seebädern in Marokko.
Hotels, Bungalows, Clubs und Campingplätze garantieren einen angenehmen und unbeschwerten Aufenthalt, vor allem im Sommer, wenn man nach dem fröhlichen Strandleben mit Spiel und Sport dann am Abend das bunte Nachtleben genießt. Die Gastronomie bietet eine überreiche Auswahl an Spezialitäten an. Fangfrischen Fisch bekommt man überall. Im Hafen von Al-Hoceima herrscht ein reger Fischereibetrieb, aber man kann auch selbst auf Fischfang gehen. Kaulbarsch zum Beispiel gibt es an dieser schönen Küste in großen Mengen.
Al-Hoceima und die kleinen Inseln, die sich wie ein Kranz um die Stadt legen, waren im 18. Jahrhundert sehr umkämpft. Franzosen, Engländer und Spanier hatte es aus militärischen und handelspolitischen Gründen die strategische Lage des Ortes angetan. Heute sind die Stadt und ihre Inseln ein begehrtes Touristenziel, das seinen Gästen Naturschönheiten, ein reizvolles Stadtbild und ein erholsames Klima bietet. Die unberührte Umwelt hat viel zur Erschließung des Fremdenverkehrs beigetragen.

Panorama von Al-Hoceima.

Ein Mosaik mit der Darstellung Neptuns und das Amphitheater im Ausgrabungsgebiet von Lixus.

LIXUS

Die am Eingang der Stadt gelegenen Ruinen von Lixus bewahren den Glanz und die Erinnerung an eine wichtige Epoche der marokkanischen Geschichte.
Die Gründung von Lixus geht auf das Jahr 1100 v. Chr. durch die Karthager zurück, die hier einen blühenden Handelsplatz einrichteten. Die Hauptaktivität war das Einsalzen von Fisch und die Herstellung des Garum.
Nachdem die Stadt um das Jahr 45 n. Chr. römische Kolonie geworden war, erlebte sie bis ins 3. Jahrhundert n. Chr. hinein eine Aufwärtsentwicklung, die erst mit der neuen Regierungsform Kaiser Diokletians ein jähes Ende fand. Die Stadt verfiel zusehends. Die Kolonen gaben die Stadt auf, deren Wohlstand sie herbeigeführt hatten, doch hielt die Besetzung aus Gründen, die rein geographischer Natur waren, noch bis ins 5. Jahrhundert an. Die Überreste aus dieser Epoche sind an Ort und Stelle und im Archäologischen Museum in Tetouan zu sehen.
Auf den Hügeln von Lixus liegt ein herrliches Mo-

nument. Die halbkreisförmige Anlage läßt vermuten, daß es sich um ein **Theater** handelt, dessen 3,60 m tiefer Graben als Arena ausgestattet war. Das Theater war in den Hügel hineingebaut, und die Stufenreihen waren durch treppenartige Rampen in Blöcke unterteilt, um den Zuschauerfluß zu erleichtern.
Der angrenzende Thermalkomplex aus späterer Zeit besitzt ein Bodenmosaik mit der Darstellung eines riesigen Poseidonkopfes, der den vergöttlichten Ozean symbolisiert. Dieses Mosaik gehört zu den herausragenden Werken des Altertums.

LARACHE

Larache liegt ebenfalls an der Atlantikküste, etwa vierzig Kilometer von Asilah entfernt. Es wurde vom Merinidensultan Youssef ben Ali im Jahr 1258 gegründet. Seitdem ist die Geschichte der Stadt durch sich ständig ablösende Fremdmächte, insbesondere Spanien, gekennzeichnet, und durch Befreiungsakte durch die marokkanischen Machthaber. Der Hafen und die Lage am Ozean machten aus der Stadt einen strategischen Stützpunkt von größter Bedeutung. Darüber hinaus liegt Larache am Eingang eines fruchtbaren Tals, wo sich der Legende nach die Gärten der Hesperiden befanden. Heute bietet diese feuchte und nicht selten überschwemmte Ebene günstige Voraussetzungen für den Anbau von Gemüse, Zitrusfrüchten, Zuckerrüben, Reis und Tee. Der Hafen nahm noch an Bedeutung zu durch die hier angesiedelten Thunfischfangstellen. Von April bis August werden diese Fangstellen auf offener See eingerichtet, weil die Thunfischbänke in dieser Jahreszeit nach Norden wandern. Dementsprechend entstanden eine Reihe von weiterverarbeitenden Betrieben wie Fischkonservenfabriken, die einen Haupterwerbszweig der Stadt darstellen und zahlreiche weibliche Arbeitskräfte beschäftigen.
Der Hafen wird von **Castillo de las Cigüenas** (Schloß der Störche) überragt, das Anfang des 17. Jahrhunderts im Auftrag des spanischen Königs Philipp III. erbaut wurde. Auf dem höchsten Berg von Larache liegt eine mächtige Kasba. In der Mitte erstreckt sich die Medina mit einem turbulenten Markt, der sich an einer breiten Straße hinzieht. Den Reiz dieser Straße machen die aufeinander folgenden schönen Arkaden aus, unter denen man Geschäfte eingerichtet hat.

Panorama von Larache

	AGADIR	CASABLANCA	FES	LAAYOUNE	MARRAKECH	MEKNES	OUARZAZATE	RABAT	TANGER
CASABLANCA	518								
FES	796	291							
LAAYOUNE	649	1167	1445						
MARRAKECH	303	241	485	952					
MEKNES	748	231	60	1395	476				
OUARZAZATE	377	439	661	1026	198	674			
RABAT	614	93	198	1263	334	138	496		
TANGER	898	370	303	1547	611	267	809	281	